U1018443

中华文化风采录

美好生活品质

高深的功夫

徐雯茜 编著

北方妇女儿童出版社
·长春·

版权所有　侵权必究

图书在版编目(CIP)数据

高深的功夫 / 徐雯茜编著. —长春: 北方妇女儿童出版社, 2017.5（2022.8重印）
（美好生活品质）
ISBN 978-7-5585-1081-6

Ⅰ. ①高… Ⅱ. ①徐… Ⅲ. ①功夫(武术)－介绍－中国 Ⅳ. ①G852

中国版本图书馆CIP数据核字(2017)第100754号

高深的功夫
GAOSHEN DE GONGFU

出 版 人　师晓晖
责任编辑　吴　桐
开　　本　700mm×1000mm　1/16
印　　张　6
字　　数　85千字
版　　次　2017年5月第1版
印　　次　2022年8月第3次印刷
印　　刷　永清县晔盛亚胶印有限公司
出　　版　北方妇女儿童出版社
发　　行　北方妇女儿童出版社
地　　址　长春市福祉大路5788号
电　　话　总编办：0431-81629600

定　　价　36.00元

习近平总书记说：“提高国家文化软实力，要努力展示中华文化独特魅力。在5000多年文明发展进程中，中华民族创造了博大精深的灿烂文化，要使中华民族最基本的文化基因与当代文化相适应、与现代社会相协调，以人们喜闻乐见、具有广泛参与性的方式推广开来，把跨越时空、超越国度、富有永恒魅力、具有当代价值的文化精神弘扬起来，把继承传统优秀文化又弘扬时代精神、立足本国又面向世界的当代中国文化创新成果传播出去。”

为此，党和政府十分重视优秀的先进的文化建设，特别是随着经济的腾飞，提出了中华文化伟大复兴的号召。当然，要实现中华文化伟大复兴，首先要站在传统文化前沿，薪火相传，一脉相承，弘扬和发展5000多年来优秀的、光明的、先进的、科学的、文明的和自豪的文化，融合古今中外一切文化精华，构建具有中国特色的现代民族文化，向世界和未来展示中华民族具有独特魅力的文化风采。

中华文化就是中华民族及其祖先所创造的、为中华民族世世代代所继承发展的、具有鲜明民族特色而内涵博大精深的优良传统文化，历史十分悠久，流传非常广泛，在世界上拥有巨大的影响力，是世界上唯一绵延不绝而从没中断的古老文化，并始终充满了生机与活力。

浩浩历史长河，熊熊文明薪火，中华文化源远流长，滚滚黄河、滔滔长江是最直接的源头，这两大文化浪涛经过千百年冲刷洗礼和不断交流、融合以及沉淀，最终形成了求同存异、兼收并蓄的辉煌灿烂的中华文明。

中华文化曾是东方文化的摇篮，也是推动整个世界始终发展的动力。早在500年前，中华文化催生了欧洲文艺复兴运动和地理大发现。在200年前，中华文化推动了欧洲启蒙运动和现代思想。中国四大发明先后传到西方，对于促进西方工业社会形成和发展曾起到了重要作用。中国文化最具博大性和包容性，所以世界各国都已经掀起中国文化热。

中华文化的力量，已经深深熔铸到我们的生命力、创造力和凝聚力中，是我们民族的基因。中华民族的精神，也已深深根植于绵延数千年的优秀文化传统之中，是我们的精神家园。但是，当我们为中华文化而自豪时，也要正视其在近代衰微的历史。相对于5000年的灿烂文化来说，这仅仅是短暂的低潮，是喷薄前的力量积聚。

中国文化博大精深，是中华各族人民5000多年来创造、传承下来的物质文明和精神文明的总和，其内容包罗万象，浩若星汉，具有很强的文化纵深感，蕴含丰富的宝藏。传承和弘扬优秀民族文化传统，保护民族文化遗产，已经受到社会各界重视。这不但对中华民族复兴大业具有深远意义，而且对人类文化多样性保护也是重要贡献。

特别是我国经过伟大的改革开放，已经开始崛起与复兴。但文化是立国之根，大国崛起最终体现在文化的繁荣发展上。特别是当今我国走大国和平崛起之路的过程，必然也是我国文化实现伟大复兴的过程。随着中国文化的软实力增强，能够有力加快我们融入世界的步伐，推动我们为人类进步做出更大贡献。

为此，在有关部门和专家指导下，我们搜集、整理了大量古今资料和最新研究成果，特别编撰了本套图书。主要包括传统建筑艺术、千秋圣殿奇观、历来古景风采、古老历史遗产、昔日瑰宝工艺、绝美自然风景、丰富民俗文化、美好生活品质、国粹书画魅力、浩瀚经典宝库等，充分显示了中华民族厚重的文化底蕴和强大的民族凝聚力，具有极强的系统性、广博性和规模性。

本套图书全景展现，包罗万象；故事讲述，语言通俗；图文并茂，形象直观；古风古雅，格调温馨，具有很强的可读性、欣赏性和知识性，能够让广大读者全面触摸和感受中国文化的内涵与魅力，增强民族自尊心和文化自豪感，并能很好地继承和弘扬中国文化，创造未来中国特色的先进民族文化，引领中华民族走向伟大复兴，在未来世界的舞台上，在中华复兴的绚丽之梦里，展现出龙飞凤舞的独特魅力。

功夫之源——武术萌芽

人类祖先狩猎而萌生武术 002
太昊伏羲教民以木为兵器 008
轩辕黄帝用干戈进行训练 013
战神蚩尤初创五种兵器 016
大禹干戚舞和夏后的九伐 021

兴起时期——扎根华夏

026 春秋时期兴起拳勇角力
031 春秋秦汉剑术蓬勃兴起
039 神医华佗初创健身五禽戏

蓬勃发展——武行天下

达摩创立少林禅武祖庭 046
少林棍僧协助建立大唐 055

横空出世——武林雄风

064 赵匡胤改进武术训练制度
070 张三丰开创武当内家功夫

强国强身——精武英雄

076 俞大猷精研武术著《剑经》
082 达于极盛的武侠精神

武术萌芽

武术起源可以追溯至远古时代，它产生于人类的生产劳动和部落之间的战争。人类要生存，并要保护自己，就要与野兽斗争。这样人们就逐渐掌握了徒手和持械进行攻防格斗的技能，这就是后来武术的萌芽。

在氏族公社时代，部落之间经常发生战争。在这些战争中，远则使用弓箭、投掷器等武器，近则使用棍棒、长矛、刀斧等武器，有攻有防。徒手搏斗时，应用拳打、脚踢、躲闪、扭摔、跳跃等动作。使用器械战斗时，应用劈、砍、刺、扎等动作，使得武术不断发展。

人类祖先狩猎而萌生武术

距今170万年前的云南元谋猿人，还有69万年前的北京猿人和1万多年前的北京山顶洞人，他们都生活在与兽群居的环境中。这就是我们的中华祖先，他们要生存，要猎取食物，要保护自己，就要与野兽进行斗争。这时人们稍一疏忽，离开了人群，就会被凶禽猛兽所攻击。

原始人类同野兽搏斗

原始人类制作武器用来打猎

在当时，人们生存的条件十分恶劣，人烟稀少，到处都是凶禽猛兽。盘旋在高空中的恶鹰不时地俯冲下来，掳走老弱者，凶狠的猛兽一次又一次地向茫然无知的人们发起攻击。

为了保卫自己，也为了从野兽身上得到遮风避雨的毛皮和果腹充饥的食物以生存繁衍下去，我们的祖先们不得不同凶猛的野兽进行殊死的搏斗。

在山顶洞人的穴居遗址中，后来发现有大量的兽骨，这就是他们与野兽搏斗并取得胜利的证明。野兽有尖尖的利爪，强悍凶残，而先民们用来与野兽搏斗的不过是简陋粗糙的棍棒和石头打制的武器。

在与凶禽猛兽的斗争中，人们一方面依靠群体力量，一方面依靠增强群体中每个人的战斗力和技能。在生产和战斗中，人们或单纯使用拳脚，或使用简单的工具和武器，并逐渐掌握发展了徒手和持械进行攻防格斗的技能。

于是，这些徒手进行的拳打、脚踢、躲闪、跳跃、摔跌等动作，就逐渐形成了拳术的萌芽。

使用石斧的原始人

在进入石器时代之后，人类开始使用石器、木棒、骨、角、蚌等工具或武器与野兽搏斗，在不断的实践中，逐渐出现了劈、砍、刺、扎、掷等动作，这也成为后来武术中使用器械各种方法的萌芽。

打猎的成功，不仅靠集体的配合，也要依靠猎手们身体的矫健，不仅棍棒的使用要准确有力，徒手的踢打摔拿在必要时也是不可或缺的，在我国最早的诗歌集《诗经·邦风·大叔于川》中就有人们徒手与老虎搏斗的记载。

《诗经》 我国汉族文学史上最早的诗歌总集，收入自西周初年至春秋中叶500多年的诗歌，共311篇。先秦时期称为《诗》，或取其整数称为《诗三百》。西汉时期被尊为儒家经典著作，始称《诗经》。

先民们靠着自己的聪明才智，不断地想方设法改进自己的武器。从旧石器时期早期粗糙的用石头打制的砍砸器、尖状器，到中期的骨骸、骨矛、骨叉，再到新石器时期的石刀、石矛、石斧、石镞等，记录着他们在改进武器方面不懈的努力。尖石器、剑的发明和使用，就产生了“刺”的动作，有了石矛、石手斧的出现，就产生了“扎”“砍”“劈”的动作。

特别值得一提的是弓箭的发明，给原始人类提供了远射程武器。

根据古籍的记载，人们看到落在树枝上的鸟在飞走时被弹回来的树枝击伤受到启发，于是，就用绳子把树枝绷成弓，将木棍削磨尖细做成箭，制成了原始的弓箭。

弓箭在原始社会时期开始用于打猎，大大提高了人们打猎的能力，扩大了狩猎的范围和方式，因此其意义重大。

狩猎是原始社会人类维持生存最重要的方式，而武术的萌芽与生产劳动有着直接的关系。除了生产以外，原始的战争也是武术萌芽、生长的重要条件。在原始社会，各个种群、聚落之间为了争夺水草丰美的草场、适于居住的地区，经常产生争斗，也促进了武术的进一步发展。

并且，我们祖先创造锋刃工具，具有能动性、使用工具方法的主动性、运用格斗技术的自觉性，以此为标志，武术进入了萌芽状态。

武术也是一种文

旧石器时代（距今约300万年~约1万年），以使用打制石器为标志的人类物质文化发展阶段。地质时代属于上新世晚期至更新世，从距今约300万年前开始，延续到距今1万年左右止。我国旧石器时代的早期文化分布已很普遍。距今100万年前的旧石器文化有西侯度文化、元谋人石器、匼河文化、蓝田人文化以及东谷坨文化。

原始石斧

《山海经》先秦时期重要古籍，是一部富于神话传说的最古老的奇书。内容包罗万象，主要记述古代神话、地理、动物、植物、矿产、巫术、宗教等，也包括历史、医药、民俗、民族等方面的内容，其中的矿物记录，是世界最早的有关文献。

化形式。它的萌芽与早期人类社会的一些文化活动，特别是舞蹈有密切的联系。

在许许多多个漫漫长夜里，在熊熊的篝火旁，先民们打猎归来，一边烧炙着猎物，一边敲打着石器，模仿着各种野兽的动作，或表演自己在打猎中的巧妙动作，或重复在战斗中自己敏捷的拳脚，手舞足蹈地跳起来，吼起来，舞起来。

这种原始的舞蹈，人们高兴的时候跳，悲伤的时候跳，宗教祭祀的时候更是要跳。用舞蹈纪念祖先，取悦鬼神，禳灾祈福。原始的舞蹈具有浓重的“武”的色彩，融战斗和舞蹈于一体，舞风强悍，气势逼人，常常有震撼人心的作用。

《山海经》中有一个神话故事：“刑天与帝争神，帝断其首，葬之常羊之山。乃以乳为眼，以脐为口，操干戚以舞。”

先民用火

意思是说一个怪神刑天与天帝争斗，被砍掉了脑袋，还不罢休，没了脑袋，以两乳为眼睛，以肚脐当嘴巴，一手拿盾牌，一手拿大斧，挥舞不止，以这种战斗的舞蹈来表达自己的满腔愤怒。

人们常常把制胜的技术用“舞”的形式再现出来，又利用舞的形式相互模仿交流，相互学习提高，这种有意识的交流与训练，有意识地把攻防技术传授给战友和后人的活动就有着练武的积极意义。

阅读链接

武术历史悠久，源远流长，内容丰富多彩，在我国具有广泛的群众基础。武术的最根本特征是技击性，武术的产生源于技击的需要。武术是用于格斗的技术，它的一招一式、一刺一击都是按照进攻和防守的战斗要求设计出来的，也是人类祖先生存经验的总结。

原始时代，人群生活在茫茫荒野中，与之为伍的是剑齿虎等十分凶猛的野兽，“封豨蛇，皆为民害”，在严酷的生存竞争中，武术技击便开始萌芽了。

太昊伏羲教民以木为兵器

伏羲塑像

从石器时代进入木器时代之后，领导先民与鸷鸟猛兽作斗争的领袖是我们的人祖“太昊伏羲氏”。我国简明通史读本《纲鉴易知录》记载：

太昊之母居于华胥之渚。生帝于成纪，风姓，做都于陈，教民佃鱼畜牧、画八卦、造书契……有圣德，像日月之明，故曰太昊。帝崩，葬于陈……

后来法家学派代表作之一《商

君书·画策篇》也记载："猎者，昊英之世，以伐木杀禽兽"。而昊英、朱襄则是伏羲的两个得力助手。伏羲教民打猎，实际就是教人们练习武术的开始。

在那洪荒的年代里，暴虐的野兽，凶猛的飞禽，直接威胁着人类的生存，人们要想生存下去，就必须与它们作殊死的斗争，要打死它们，吃掉它们，以保存自己，否则，就会被它们吃掉。

在那实际的战斗中，人们除了用拳脚制敌外，进而用木棒、石块、骨器以更有力的手段制服对方，这就发展了徒手或手持武器攻防格斗的技能。

聪明智慧的伏羲，据说能仰观于天，俯察于地，中观万物，他能教民结网、打猎、牧畜、捕鱼，他能教他的臣子养牺牲以充庖厨，制琴瑟乃乐万民……他理所当然是古代一位出乎其类拔乎其萃的英明领袖，是一位伟大的创造发明家。

在伏羲定都宛丘的整个过程中，他对武术、对战争是相当有研究的。他生于成纪，为了民族的昌盛，为了更好地繁衍生息，便带领着本部落的人群，沿着滔滔东流的黄河，来到中原的东部宛丘，迢迢数千里，无疑是跋山涉水历尽磨难。

当然，这不仅是穷山恶水、猛禽野兽及狂风暴雨、天气寒冷等大自然的磨难，异族的侵扰和阻挠也是不计其数。他们不知要经过多少次战争才来到这富饶的宛丘。

《太白阴经》 全称《神机制敌太白阴经》，是古代的一部综合性的军事著作。作者为唐代的李筌。古人认为太白星主杀伐，因此多用来比喻军事，《太白阴经》的名称由此而来。书中有朴素的辩证法思想。

据我国古代兵书《太白阴经》记载：“木兵始于伏羲，至神农之士，削石为兵。”《晋·拾遗记》中载：“伏羲去巢穴之居，变茹腥之食，立礼教以导文，造干戈以饰武……调和八方，以画八卦。”

所谓“木兵始于伏羲”即是用木料制成兵器，以对付敌人，是从伏羲开始的。无疑用木料制成兵器消灭敌人当然比赤手空拳效果要强得多，这在当时来说，就是一大发明。所谓“造干戈以饰武”，“干戈”者兵器也，即后世所称的武术器械，“饰”修饰之意，即将零乱的武术动作加以修饰编成套路，这就是武术套路的萌芽。

伏羲发明八卦

一天，伏羲坐在一个高大的山丘上，仔细观察黄河与洛河汇流的情景。黄河水是黄的，洛河水是清的，两水相汇，形成一个很大的漩涡；漩涡一半黄，一半清，犹如两条游鱼紧

原始工具

紧地抱在一起。在大漩涡中，又各形成两个小漩涡，就像两条鱼的眼睛。

他灵悟顿生，捡起一根树枝，就在地上画了起来。于是，就形成了流传千古的伏羲太极图。伏羲太极图中的两条游鱼，白的名阳鱼，主阳、主动、主父；黑的名阴鱼，主阴、主静、主母。阳鱼的眼睛是黑色的，阴鱼的眼睛是白色的。阳鱼表示天，阴鱼表示地，阳鱼和阴鱼的交界，就是天和地的交界，表示人。天、地、人被称为“三才”，是太极图的核心。

再后来，世界经历过一次大灾难，天塌地陷，洪水横流，多亏了伏羲的妻子女娲炼石补天，又斩断白龟的四条腿支撑住了天，这才挽救了大地苍生。

一天，伏羲在蔡河捕鱼，逮住一只白龟。他想：“世上白龟少见哪！当年天塌地陷，白龟老祖救了俺们，后来就再也见不到了。莫非这个白龟是白龟老祖的子孙？我得把它养起来。”

女娲 传说为上古氏族首领，后来逐渐成为神话中的人类始祖。根据神话记载，女娲人首蛇身。女娲的主要功绩为抟土造人，以及炼石补天。其他的功绩包括发明笙簧和规矩，以及创设婚姻。后世女娲成为民间信仰中的神祇，被作为人类的始祖和婚姻之神来崇拜。

他挖个坑，灌进水，把白龟放在里边，逮些小鱼虾放进坑里，叫白龟吃。也怪，白龟养在那儿，坑里的水格外清。伏羲每次去喂它，它都凫到伏羲跟前，趴在坑边不动弹。

伏羲没事儿就坐在坑沿儿，看着白龟想世上的难题。看着看着，他见白龟盖上有花纹，就折一根草秆儿，在地上比着白龟盖上的花纹画。画着想着，想着画着，画了九九八十一天，画出了名堂。他用一通道儿当阳，一断道儿当阴，一阳二阴，一阴二阳，来回搭配，画来画去，画成了八卦图。

所以，我国武术是伏羲创造的，伏羲就是武术的创始人。后世所有的拳法无不讲究阴阳、虚实、神气、意力、起落、进退、动静、张弛、伸缩、吞吐、仰附、开合，而这些阴阳虚实的基本理论，都是以伏羲的无极、太极、两仪、四象、八卦作为基础的。

在陈州流行数千年的伏羲八卦拳，是按照伏羲八卦的原理辩证地确定阴阳虚实起落进退的。它的手法、劲法、套捶也都是从八卦原理中派生出来的。

阅读链接

伏羲带领先民们生活在宛丘时，这里地势平坦，森林茂密，动物繁多，气候温和，水草丛生，是使本民族发展昌盛的好地方。然而，这里绝非是平静的地方，相互争夺，会武拼杀的场景是可想而知的。

据史书记载，在这里建都的除太昊伏羲、炎帝神农外，以后历代统治者还把这里作为封国。这些王、公、侯在这里为了巩固他们的统治，也一定会豢养着大批的军队士兵，这些士兵便是练武习战的主要对象。于是，羲皇子孙将中华艺苑里这株艳丽的武术之花，浇灌得芳香四溢、绚丽多彩，将伏羲老祖在这里创造的武术发扬光大。

轩辕黄帝用干戈进行训练

在轩辕黄帝时代，部落之间经常发生战争。随着社会生产的逐步发展，在满足人们最基本的生活需要以外，逐渐出现了剩余的劳动产品，这样以掠夺奴隶和财富为目的的部落战争越来越频繁，规模也越来越大。汉代杰出的历史学家司马迁在《史记》中写道：

轩辕之时，神农氏世衰，诸侯相侵伐，暴虐百姓，而神农氏弗能征，于是轩辕乃习用干戈。

轩辕黄帝雕像

轩辕，就是我们中华民族的始祖黄帝，他号称“轩辕”。当时，神农氏力量衰落，不能再担当部落联盟首领平息战乱，于是，轩辕取而代之。

干，是指作战时防御的盾牌，初民时以杆抵挡矢石，木杆就是干。后来在木杆上编缠藤条或树皮，以扩大掩护面。后来，多用皮制，形制较大，上面钉有圆形的青铜部件，成为防护刀、剑、枪、矢等利器的较好护具。

戈，是一种用于进攻的武器，是由镰刀演化而来的，戈刃朝内，多用于钩割，在当时是颇有威力的长兵器。干戈合用，泛指一切兵器，是古代战争的象征，后世常用的“大动干戈”一词中“干戈”的意思即如此。

在这种战争中，人们的格斗对象是同自己一样有智慧的人，因此格斗技术比打猎要复杂得多。这种原始的战争有力地促进了武术的发展。

当时，生活在黄河上游的黄帝轩辕氏部落与生活在中原地区的蚩尤九黎部落之间多年以来发生3次激烈的冲突，其中就有著名的“涿鹿之战”。蚩尤的兵力较多，而且有比较先进的金属武器，传说蚩尤用青铜制作的5种兵器戈、矛等，战斗力很强。

黄帝采用诱敌深入的策略，退到河北涿鹿一带，利用天时地利打败了蚩尤。黄帝除教民习用干戈之外，还运用了武术最原始的文化阴阳、五行。

《黄帝内经》 分《灵枢》《素问》两部分，为古代医家托轩辕黄帝名之作。在以黄帝、岐伯、雷公对话、问答的形式阐述病机病理的同时，主张不治已病，而治未病，同时主张养生、摄生、益寿、延年。是我国医学宝库中现存成书最早的一部医学典籍。

青铜戈

阴阳，是我国古代以朴素的唯物观点来概括一切事物的统一与对立的学说。自然界万事万物的生长、变化、消亡等客观规律，均可以阴阳归之，人体的生理、病理也可以阴阳归之，武术的技击方法亦可以阴阳归之。

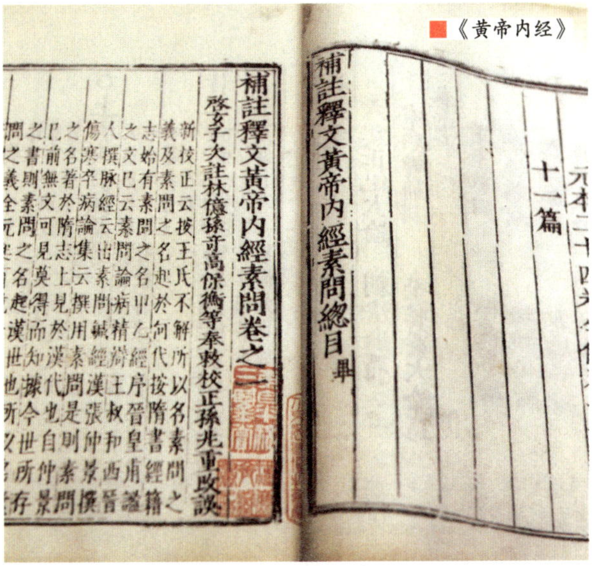

《黄帝内经》

据《黄帝内经》记载：“阴阳者，天地之道也，万物之纲纪，变化之父母，生杀之本始，神明之府也。”

黄帝所创阴阳学说认为：天体宇宙，一切事物都可以分成阴阳两类。如：天为阳，地为阴；日为阳，夜为阴；男为阳，女为阴。

而运用于武术中，动则为阳，静则生阴；出手为阳，收手为阴；上步为阳，退步为阴；刚劲为阳，柔劲为阴；手足伸出为阳，关节屈曲为阴；掌心向上为阳，掌心向下为阴。阴阳的对立和统一，各自以对方作为自身存在的依据，而且在矛盾运动中，阴阳又永远处于阴消阳长、阳消阴长的运动过程中。

阅读链接

由传说和记载可以得知，黄帝习用干戈的目的，是训练他的部落成员，培养他们的军事技能，以取得战争的胜利。

当时的战斗是非常激烈的，既有弓箭、戈矛、刀斧的劈、砍、刺，又有拳打、脚踢、躲闪等徒手搏斗，掌握一定的攻防技能并自觉运用兵器，有力地促进了武术运动的发生、发展。

战神蚩尤初创五种兵器

早在远古时期，梅山地域就有我们的先人栖息，梅山武术也就在远古先人与大自然的斗争中开始萌芽。其中最著名的领袖就是蚩尤。据说蚩尤是炎帝的后代，是九黎族的首领，他在传说中是这一时期最著名的“战争之神”，原始武术的许多故事都发生在他身上。他教人

蚩尤画像

们在狩猎的过程中，“观其禽技，仿其兽姿”，模仿动物动作创造了原始的格斗技能。

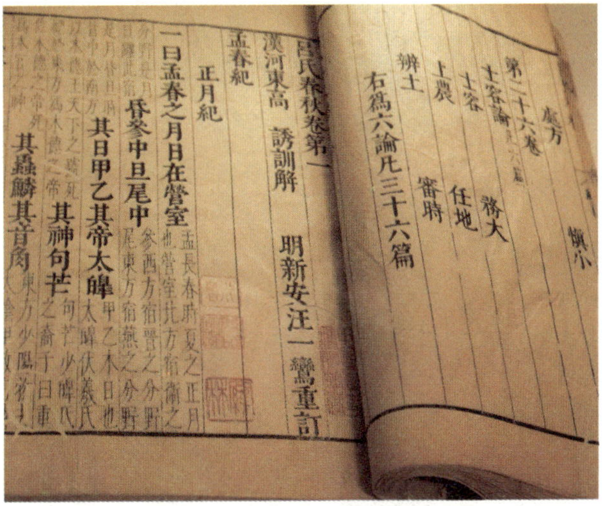

■《吕氏春秋》

在人类产生之初，工具和武器是没有区别的，除石头、木棍外，还有石刀、石斧等。随着原始人群之间为争夺食物、领地等而引发的争斗的频繁发生，武器逐渐从工具中分离出来，并得到迅速发展。

在《吕氏春秋·荡兵》中记载：“争斗之所自来者久矣，不可禁，不可止”，“未有蚩尤之时，民固剥林木以战矣”。实际战争中，先民需要延伸自己攻防能力的兵器。但在蚩尤之前，还只停留在石、木制武器阶段。

蚩尤是一个充满智慧的人祖，他发明了金属冶炼和金属兵器的制造。《世本·作篇》说蚩尤“以金作兵器”。《史记·五帝本纪》正义引《龙鱼河图》说道：“黄帝摄政，有蚩尤兄弟八十一人”，“铜头铁额”，说明在他领导的部落中，铜已经被广泛使用。

蚩尤对武术最大的贡献，是他发明了许多兵器。《世本》记载：“蚩尤作五兵：即戈、殳、戟、酋矛、夷矛”“为车之五兵”，“步卒之五兵”则无夷矛而有弓矢。

戈，与黄帝之戈类似。殳，是一种竹制的兵器，

《吕氏春秋》

战国末年秦国丞相吕不韦组织属下门客们集体编撰的杂家著作，又名《吕览》。此书共分为12纪、8览、6论，共12卷，160篇，20余万字。吕不韦自己认为其中包括了天地万物古往今来的事理，所以号称《吕氏春秋》。

■蚩尤发明武器铜殳

非常锋利。

戟，一种专门为战争制造的兼具矛和戈优点的武器，以矛为主体，侧有一横刃。

矛，一种长兵器，长度几乎是人体躯干的3倍，矛头有曲刃，顶端有尖，侧有两刃，中为脊，两旁有槽，以出血进气。而酋矛、夷矛可能是矛头大小、形状有区别。

蚩尤发明的这5种兵器，实用性强，战争中威慑力大，基本可以满足当时的作战需要。

蚩尤作战非常勇猛，和黄帝之间的战争相当激烈。《山海经·大荒北经》记载："蚩尤作兵，伐黄帝。"《逸周书·尝麦》也记载："蚩尤乃逐帝，战于涿鹿之阿，九隅天无遗。"这段历史司马迁在《史记》中也有记录："蚩尤作乱，不用帝命，于是黄帝乃征师诸侯，与蚩尤战于涿鹿之野，遂禽杀蚩尤。"

史书对这场战争的记录轻描淡写，寥寥几笔，事实上这场战斗异常艰苦，黄帝为打败蚩尤付出了巨大的代价。据传，蚩尤为了和黄帝打仗，起用角抵。

可见，蚩尤训练的兵士十分擅长于徒手搏斗，更擅长于利用青铜器械，提高战斗力，所谓头上长角，实际上是戴着牛角之类的护具，进攻时可以击刺对手，防御时可以保护脑袋。"角抵"体现了格斗中以

《逸周书》 原名《周书》，是我国古代历史文献汇编。旧说《逸周书》是孔子删定《尚书》后所剩，是为"周书"的逸篇，故得名，后人多以为此书主要篇章出自战国人之手。正文基本上按所记事之年代早晚编次，历记周文王、周武王、周公、成王、康王、穆王、厉王及景王时事。

巧取胜的精神，推动了擒、拿、摔、打等战斗技巧的产生和运用。

蚩尤在每次战斗前后所举行的巫事祭祀武舞中，将那些在以往战斗和狩猎中运用得比较成功的一拳一脚、一击一刺逐步融入其中，并带领族人进行反复的模仿与练习，使其从生产技能中分离出来，成为独立的战斗技能，形成了原始的武术，并以此在屡次的战斗中获得胜利，从而得以组建九黎部落集团。

其后，九黎、三苗、有苗、楚蛮战败，退回老家梅山的蚩尤后裔们凭险而守，开始了漫长的“化外蛮夷”生涯。经过长期战争检验并发展起来的梅山武术，则在这相对独立的封闭环境中，不断地进行着自我完善与进化，从而使梅山武术那种古老神秘的特色

张五郎 又名“陈十五郎“，是湘西南梅山教中唯一以木雕神像供奉的神祇。张五郎是梅山文化中传说的“狩猎之神”，相传得到过太上老君真传。人们怀念张五郎，奉张五郎为猎神，是一位双手撑地，两脚朝天的倒立神。

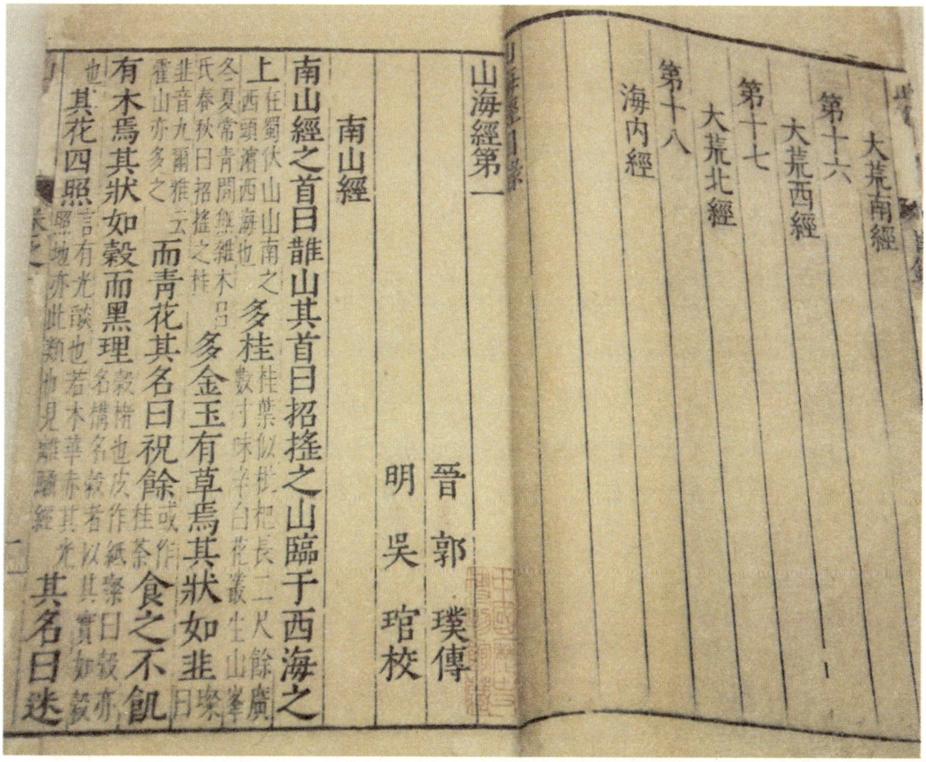
大荒南經
第十六 大荒西經
第十七 大荒北經
第十八 海內經

山海經第一
晉 郭璞傳
明 吳琯校
南山經
南山經之首曰䧿山其首曰招搖之山臨于西海之上（在蜀伏山山南之西頭濱西海也）多桂（桂葉似枇杷長二尺餘廣數寸味辛白花叢生山峯冬夏常青間無雜木呂氏春秋曰招搖之桂）多金玉有草焉其狀如韭（音九）而青花其名曰祝餘（或作桂茶）食之不飢有木焉其狀如穀而黑理（穀楮也皮作紙）其花四照（言有光焰也若木華赤其光照地亦此類也見離騷經）其名曰迷

■《山海经》中记载涿鹿之战

得以持续保留并逐步定型。

在梅山武术传人们所祭拜的祖神中，从头上长角的蚩尤，到翻天倒地的张五郎，可以看出，梅山武术一直传承着蚩尤的那种不屈不挠的反抗精神，一直在塑造着梅山人强悍、刚毅的民性。

传说中的蚩尤铜头铁额、口吞沙石，而梅山武术功法中的“铁牛水”“桶子功”等可使练习者体硬如铁、抗击抗打，能头顶开砖破石；“化骨水”可口吞瓷碗、生嚼灯管等，很好地诠释了蚩尤铜头铁额、口吞沙石的传说。

另外，梅山武术中打虎钯、巡山钯、铁尺等武术器械的外形，都有一双弯如牛角的分支，冥冥中在纪念着蚩尤老祖那头生双角的形象；从蚩尤所建立的九黎部落到后来的三苗部落，再到梅山武术传人们收徒授艺时所收的拜师礼为三块三毛三或三十三块三，或三百三十三、或三千三百三，也喻示了梅山武术对九黎三苗的纪念和承续。

阅读链接

其实，寻找战争中克敌制胜的兵器，是先民们一个不懈努力的目标。早在旧石器时期，河套人已经制造出了最早的长矛，这种长矛以骨角做矛头，木棍做矛柄。在距今约7000年的新石器遗址中有各种各样的石刀、玉斧、矛头。

我国最早的甲骨文，武字从戈从止，意即持戈作战或舞练，甲骨文与钟鼎文涉及大量武器，如弓、矢、戈、斧、戟等，反映了当时武器的发明和使用状况。武器的不断创造和使用，极大地提高了原始武术的攻防质量，丰富了格斗搏击内容，为我国武术发展带来了新的活力。

大禹干戚舞和夏后的九伐

为适应原始战争的需要，原始人群要作战斗的演习操练以熟悉战斗的击刺动作和应有的群体组合，于是在原始人群中萌生了“武舞”，或者叫“战舞”，用以展示武力，以“舞”来表现武术的形式

大禹平定华夏

《礼记》古代一部重要的典章制度书籍，儒家经典之一。该书编定是西汉戴圣对秦汉时期以前各种礼仪加以辑录编纂而成，共49篇。大约是战国末年或秦汉之际儒学家学者托名孔子答问的著作。至唐代被列为“九经”之一，至宋代被列入“十三经”之中，为仕者必读之书。

得到了很大发展。

《淮南子·缪称训》记载，大禹曾经与南方的三苗族打仗。过了30天，三苗族还是不肯服输。于是，大禹换了一个办法，采用攻心战术。他停止进攻，按照舜的旨意，让士兵拿着干和羽，训练了70天。

然后大禹命令士兵手持盾牌和大斧跳起了威武雄壮的战斗舞蹈，请三苗部族的人观看这种“干戚舞”以显示武力雄厚，三苗部族从此臣服。

《尚书·大禹谟》中也记载了这件事：“帝乃诞敷文德，舞干羽两阶，七旬有苗格。”这是原始社会一次盛大的武术自卫演练，古代的“武舞”为后来武术套路的形成奠定了基础。

执盾陶武士俑

虽然原始社会中的打猎、部落间的战争和舞蹈对武术的产生起着直接的促进作用，但是武术毕竟不等于打猎，不同于打仗，也不是舞蹈。武术的形成和成熟还需要更加充分的条件，还需要更多的时间。

任何一种文化形式的成熟都需要比较长的时间，我国武术把身体与精神、健身娱乐与格斗技术融为一个和谐的整体，就需要更长的时间，更为特殊的条件。

幸运的是，历史慷慨地给

了中华民族发展武术所需要的时间和条件，而武器在战斗中已被广泛地运用并对提高战斗力起到了重要作用。

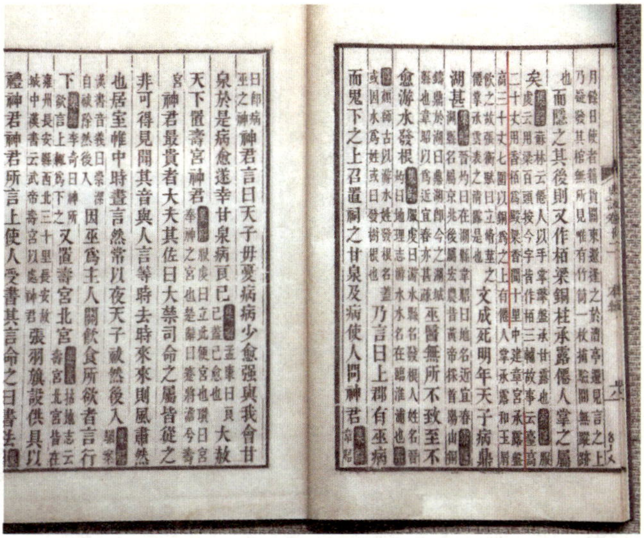

■《史记》中记载的大武舞

《山海经·海外西经》记载：“大东之野，夏后氏于此舞九伐。”夏后氏名启，相传是大禹的儿子，后来建立了大夏王朝。大东之野，是指大东的一片广场。夏后氏在这里指挥大家，练“九伐”这类舞蹈。

据《礼记》解释：“一击一刺为一伐”，所谓“九伐”就是手持器械，互相击刺的9个回合。

至公元前11世纪的西周时期，西周人沿用夏代传下来的“击刺之法”，培养和锻炼武士的攻防能力。武王伐纣推翻了商朝。伐商前夕，用武舞鼓励士气，名曰：“武宿夜”，给“击刺之法”配上了音乐，称为“舞象”，随后，又以灭商时的战争场面为题材，编了一种“大武舞”，歌颂他的武功。

《史记》 西汉时期司马迁撰写的我国第一部纪传体通史，是《二十五史》的第一部，记载了从传说中的黄帝至汉武帝后期长达3000年左右的历史。《史记》是我国传记文学的典范。它是历史、文学的统一体，是文学的历史，又是历史的文学。

《史记·乐书》记载，大武舞的参加者有数百人，全部戎装，手执兵器在音乐伴奏声中做各种队形变换，一共有6段音乐，队形变换6次。

“九伐”“舞象”“大武舞”，都是早期用来表现战争为内容的舞蹈。这些舞蹈有助于培养人的军事技

能，一击一刺都带有攻防意识，形式也与武术的对练有相近之处。

人们把在战斗中运用比较成功的一击一刺、一拳一腿，反复模仿着、传授着、习练着，夏启指挥大家进行攻防格斗的训练，使人们在狩猎活动和战争中积累的搏斗技能相互交流和传授，这实际上是早期的练武活动，“击刺之法”的回合，就是后世武术套路形式的最初模式。

阅读链接

我国纳西族被称为“东巴跳”的舞蹈中，还保持了一些原始舞蹈的形态。舞蹈时战士们踏着战鼓的节奏，持刀模拟着作战的动作，左右砍杀。

舞刀时既有劈、砍、扎、刺这样一些进攻动作，又有缠头、裹脑等防御性的动作，还有多种多样的步法，如跪、蹬、虚、跳跃等，这些都体现了武术套路来源于原始的舞蹈。

扎根华夏

在春秋战国时期，人们发明了铁器，步骑兵兴起，又进一步改进了武器，使长武器变短，短武器变长，使武器由长、重、单一而向短、轻、多样化发展。同时进一步突出了武术的技击性，武术的健身作用日益受到重视，比试武艺的形式更广泛出现，推动了武术发展。

秦代盛行角抵和手搏。角抵是徒手对抗性项目，系六国时期所创。角就是角技，抵就是相抵触。

汉代武术水平有了较大提高，是武术真正兴起时期。汉代初期鼓励民众习武，民间习武之风空前，武艺、角抵、手搏、角力等武术兴起，形成了多种技术流派。

春秋时期兴起拳勇角力

春秋时期，管仲在齐国任相，帮助齐桓公建立霸业，为了使位于东部的齐国称雄天下，管子把军事组织和行政组织统一起来，加强军事训练，鼓励百姓习武练拳，使拳术活动在齐国得到很大发展，以致

原始搏击

后人有“拳兴于齐国”的说法。

人类徒手搏击萌芽于原始社会，缘于生存竞争的拳打脚踢多是无意识的本能反应，真正具有一定技巧的搏斗之术，开端于夏商时代。

搏击雕塑

但是，产生于商代的甲骨文中，还没有“拳”字，但有“鬥”字，意为两人徒手相搏，互击对方头部。许慎《说文解字》解释为：“两士相对，兵仗在事，象门之形。”古人作战时有意不用兵器而徒手搏斗，实际上是展示力量和勇气的武艺竞赛。

这一时期，“田猎”活动成为军事训练项目，内容之一是与猛兽搏斗，郑康成《诗笺》记载：“田猎，搏兽也”，朱熹认为“手执曰搏”。《诗经·大叔于田》描绘了郑庄公之弟共叔段：“袒裼暴虎，献于公所”，袒裼，即裸身；暴，空手搏斗，意思是裸身徒手击毙了猛兽。

人与兽斗当然要求有非凡的勇气和高超的武艺，在古代也只是个别极端的例子，拳搏技术更多地体现在人与人之间的徒手搏斗中。

商周时，习练拳搏是军事训练的重要内容，《礼记》记载：“孟冬之月，天事乃命将帅讲武，习射御角力”；“凡执技论力，适四方，裸股肱，决射

《说文解字》
作者是东汉时期的经学家、文字学家许慎，是我国第一部按部首编排的字典。它的体例是先列出小篆，如果古文和籀文不同，则在后面列出，然后解释这个字的本义，再解释字形与字义或字音之间的关系。开创了部首检字的先河，后世的字典大多采用这个方式。

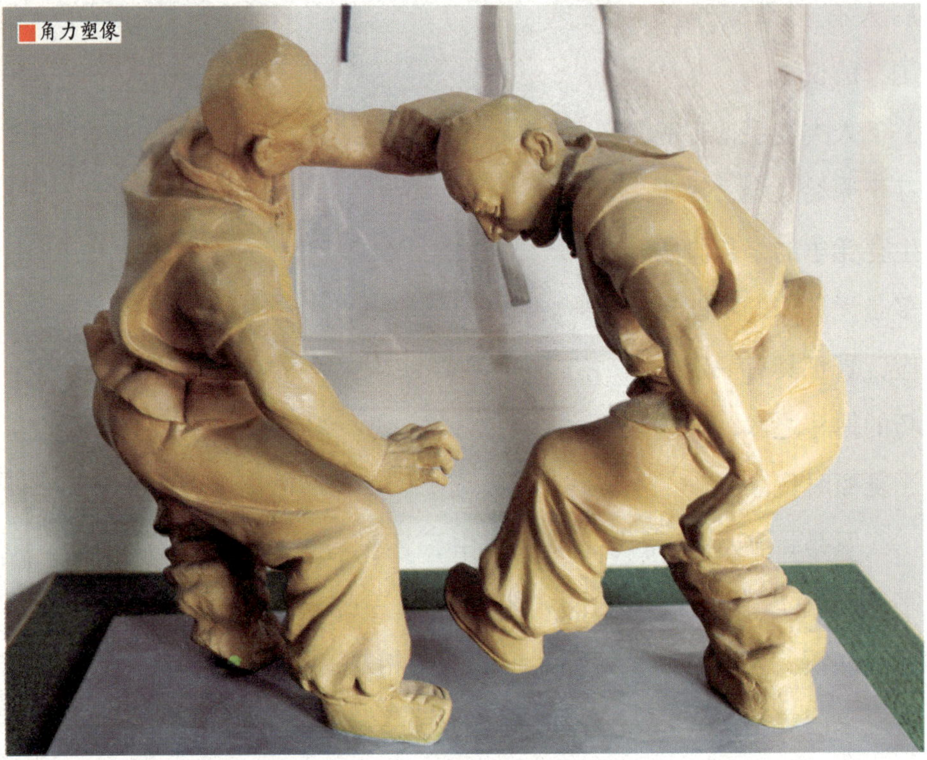
角力塑像

御”。赤身裸体进行徒手搏斗，是对拳技的炫耀。

古代典籍中最早的“拳”字，见于《诗经·巧言》，诗中以“无拳无勇”，讽刺一个人的无能，古注“拳”为“力”，在人们心目中男子汉应该有拳有勇，勇即指勇气，拳即指力量。周代出现了“拳勇”一词，用以代表武艺、勇力。

进入春秋时期，《管子》中记载了当时的风气尚武，国君下令举荐“有拳勇股肱之力，筋骨看出于众者”，命令“有则以告，有而不以告，谓之蔽才，其罪五”。

当时除了齐国外，其他一些诸侯国家拳术水平也较高，《春秋公羊传》记载，宋闵公的臣子长万精于武艺，宋闵公讲话羞辱了他，长万竟举拳打死了宋闵公，闵公的部下仇牧赶来复仇，一番对打，长万又击杀了仇牧，可见春秋时期拳击水平已相当高了。

因此自春秋战国以来，“拳棒”之称几乎成了武术的代名词。一些有识之士也发现了拳术技击之外的另一种功能是健身。著名军事家孙子就曾经指出："搏刺强士体"，意即除了击刺、搏斗较量武艺外，拳术还有增强体质的作用。

技击和健身的双重作用使拳术迅速发展，最终形成了中国武术一大景观，细腻、复杂、流派众多、千变万化的拳种、拳法，魅力无穷。

徒手搏斗，双方武艺必然有高下之分，战场上这种区分显而易见，平常就要靠相互的"角力"。

角力，原始社会末期就流行在河北、山西一带，当时叫"蚩尤戏"。春秋战国时，开展得更加普遍，称为"相搏"，《释名》解释说："相搏，搏谓广搏以击之也。然举手击要，终在扑也"，实际上是集摔跤、擒拿、拳搏于一体的徒手格斗。

举行角力竞赛时，竞技者一对对地分开，双方可用腿足勾绊进攻，也可抓握对手身体的各个部分，或以头撞击对手的头部，但严禁使用拳击动作。

当时规则规定，竞技者只有使对方的双臂和背脊的其中一部分着地3次，才算获胜。

当时，输了的人即被淘汰，然后每对的优胜者再捉对角逐，直至决出优胜者。如果参加角力的竞技者的人数是单数，那以最后一个没

《管子》 春秋时期齐国政治家、思想家管仲及其学派的言行事迹。《管子》是战国时各学派的言论汇编，内容很庞杂，包括法家、儒家、道家、阴阳家、名家、兵家和农家的观点。

孙子 春秋时期吴国将领。著名军事家、政治家。曾率领吴国军队大破楚国军队，占领了楚的国都郢城。其著有巨作《孙子兵法》13篇，为后世兵法家所推崇，被誉为"兵学圣典"，置于《武经七书》之首。

■《管子》

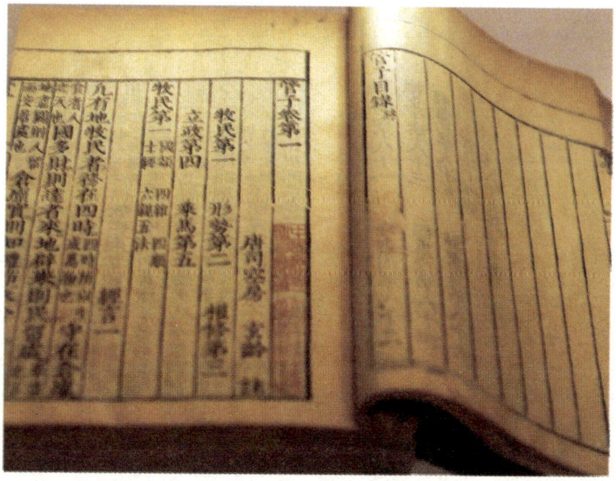

有对手的可以直接参加决赛，但这是一个被人们轻视的幸运者。

《史记》记载，春秋战国时期，拳力相搏开展得相当普遍，喜爱的人众多，甚至有人连做梦都在与人“搏”。《国语》中说，公元前632年，“晋侯梦与公子搏，楚子伏已，而印其脑”。

又据《春秋·穀梁传》记载，公元前660年，鲁公事季友俘获了莒拿，并不处置，却提出与莒拿相搏，并且命令部下退开，不要帮助自己。在相搏过程中，季友处于劣势，在众人催促下，竟违背了徒手相搏的约定，抽出宝剑杀了莒拿，受到舆论的谴责。

为了使武艺得到交流，每年春秋两季，天下武艺高强的人都要云集一起进行较量，《管子·七法》记述了当时的情景：

春秋角试……收天下之豪杰，有天下之骏雄。故举之如飞鸟，动之如雷电，发之如风雨，莫挡其前，莫害其后，独出独人，莫敢禁围。

这段描述的意思是：春秋两季，天下的豪杰英雄都要相聚较量，那些武功高手，在比赛中像飞鸟一样敏捷跳跃，行动迅捷如雷电，暴发时势如急风骤雨，在他面前无法抵挡，在他后面也无法下手，出入随意，没有人能阻止包围他。

阅读链接

春秋战国时期，相搏已经成了武艺比赛的一种形式，为了比赛，往往将若干动作贯连一起练习，即是“套路”，这种套路与武舞不同，是真正武术意义上的套路，对武术运动的发展影响重大。

春秋秦汉剑术蓬勃兴起

庄子名周，是继承老子道家思想的集大成者，他对武术也有很大贡献，比如他将道家理论发展到剑术上，说："夫为剑者，示之以虚，开之以利，后之以发，先之以至。"要想取胜对手，必须虚实变换，诱使对方陷入圈套，犯错误。

庄子画像

剑，被称作"短兵之王""百刃之君"，它便于携带，利于近战，是防卫的最好兵器之一，同时，剑制作精美、舞练潇洒，是人们尚武的标志和身份地位的象征，因此时盛行好剑之风。

剑的起源古籍有记载，认为源于原始部落时代，黄帝之时，开采首山之铜，铸造了剑。民间也流传一些传奇故事，演绎剑的起源，凄

虎丘试剑石

美感人的当数干将、莫邪舍身铸剑的故事。

春秋战国时吴王阖闾，得到越王允常赠送的3把宝剑：“湛庐”“盘郢”“鱼肠”，非常珍爱。鉴玩之后仍不满足，访得名师干将，命其铸剑。

在妻子莫邪帮助下，干将采得五山精铁，六合金英，使童男童女300人，积炭为山，鼓风冶炼，历时3日，铁水就是不到火候。情急之下，莫邪纵身跃入，终于炼成两柄宝剑，先成者为“阳”，后成者为“阴”，为纪念莫邪，阳剑取名“干将”，做方块形龟纹，阴剑取名“莫邪”，做水纹形散纹。

剑成后，干将将阳剑藏了起来，只将“莫邪”献给吴王。吴王得剑后以石相试，应手而开，据说虎丘的试剑石就是当年试剑的地方。后来，吴王得知干将藏剑，派人去取，并嘱如不得剑，当即杀之。

使者找到干将后，索取宝剑，忽然剑从匣中跃出，化为青龙，干将骑在其背上，升天而去。吴王自此更加珍惜“莫邪”。

吴王死后，“莫邪”也便下落不明。直至600多年后的晋代，宰相张华偶见“斗牛”星间有一股紫气，便召天象家雷焕询问。雷焕说是宝剑的剑光，在豫章丰城一带反射。

张华当即封雷焕任丰城县令，寻访宝剑下落。雷焕到任后，发掘出一石函，打开果见一剑，以南昌西山的土擦拭，光芒四射。从剑文上知是“干将”。

传说张华乘船过江，忽视所佩“干将”跃入水中，急使人下水寻找，见两龙张须相向，使人惊恐而退。从此“干将”“莫邪”两剑便永不再现。

我国已发现的剑，最早是商代的铜剑，即河南陕县虢国贵族墓葬中的4柄青铜剑，四川奉节发现两把战国时的“巴式剑”，铸造工艺已经比较先进，剑身铸有图案花纹。

尤其是在湖北江陵县发现的历史名剑越王勾践剑。此剑是铜制，剑刃经历千年仍然锋利无比，剑茎上满缠丝绳，有两道箍，首作圆形，剑身近格处有两行蜡金鸟篆体铭文：“钺王鸠浅自乍用剑”，即“越王勾践自作剑”。

越王勾践剑确是剑中珍品，据传是匠人欧冶子制

欧冶子 春秋末期到战国初期越国人。我国古代铸剑鼻祖，龙泉宝剑创始人。少年时代学会了冶金技术，开始冶铸青铜剑和铁锄、铁斧等生产工具。他肯动脑筋，具有非凡的智慧，他身体强健，能吃苦耐劳。后来发现了铜和铁性能的不同之处，冶铸出了第一把铁剑“龙渊”，开创了我国冷兵器之先河。

青铜剑

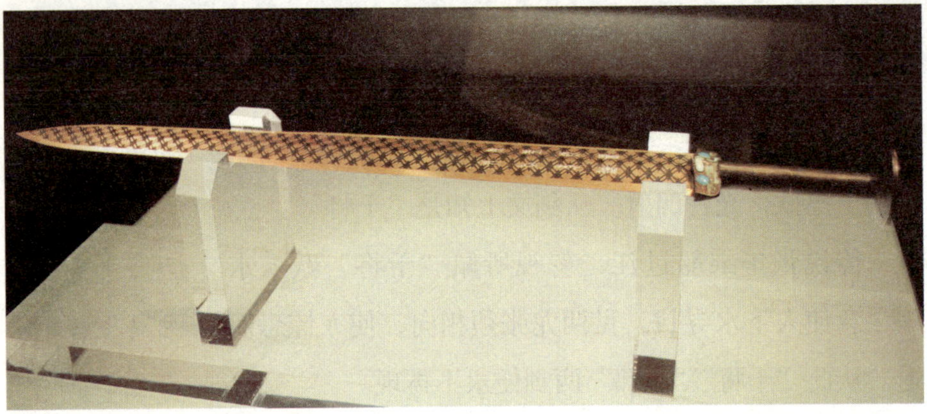

越王勾践剑

造。勾践被夫差打败以后，卧薪尝胆，励精图治，最终灭掉吴国。关于越王勾践剑，古籍中也有记载，《越绝书》写道："勾践乃身被赐夷之甲，带步光之剑"；"昔者，越王勾践有宝剑王闻于天下。"这柄剑在湖北江陵的楚墓中，大约是楚国占领越地后作为战利品带回的缘故。

铜剑以后又被铁剑取代，江淹《铜剑赞》序说："春秋迄于战国，战国至于秦时，攻争纷乱，兵革互兴，铜即不克给，故以铁足之。铸铜即难，求铁甚易，是故铜兵转少，铁兵转多。"

最早的铁剑是在长沙一座古墓中发现的。春秋晚期的铁剑，工艺水平又有较大提高，淬火锋利，式样别致。铁剑代替铜剑是历史的一大进步。剑身由最短的如北京琉璃河发现的17.5厘米，到最长的如衡阳发现的那柄1.4米，威力大增。

据《左传》《国语》等史书记载，当时的名剑有"湛卢""大夏""龙雀""纯钧""莫邪""干将""鱼肠""胜邪""巨溯""龙渊""豪曹"等，割玉物如割泥。拳谚说"一寸长，一寸强"，剑身由短变长，两

《左传》原名为《左氏春秋》，汉代改称《春秋左氏传》，简称《左传》。《左传》实质上是一部独立撰写的史书，传文比左氏《春秋》经文多出11年，实际记事多出26年，以《春秋》记事为纲叙事，与《春秋》的关系密切。《左传》既是我国古代史学名著，也是文学名著。

侧剑刃能更好地发挥劈、撩、扫、斩等技法，促成了剑术和剑法的多样化。

剑术发展较早，流传甚广。孔子的学生子路就非常喜欢剑术，据《家书》记载：“子路戎服见孔子，拔剑而舞之，曰：古之君子以剑自卫乎？”

剑术多以斗剑的形式出现，当时贵族以观赏斗剑寻欢作乐，他们多豢养剑客。

《庄子·说剑》描写斗剑场面：“蓬头突鬓垂冠，曼胡之缨，短后之衣，瞋目而语难。相击于前，上斩颈领，下决肺肝”，庄子对此大加抨击，认为“无异于斗鸡”，无所用于国事。但是，在民间剑术却得到了健康发展，出现了众多剑术高超的武术家，如越女、鲁石公等。

战国时期的司徒玄空，耕食于峨眉山中。他模拟猿猴动作，在狩猎术基础上创编了一套攻守灵活的“峨眉通臂拳”，据说学徒甚众。

因为司徒玄空常着白衣，徒众们称之为“白猿祖师”。他还创有“猿公”剑法，并传剑越女，称之为“越女剑法”。而后世峨眉武术正是发源于此。越

子路 名为仲由又字季路，孔子得意门生。以政事见称。性格爽直率真，有勇力才艺，敢于批评孔子。孔子了解其为人，评价很高，认为可备大臣之数，做事果断，信守诺言，勇于进取，曾任卫蒲邑大夫、季氏家宰，是孔子“堕三都”之举的最主要合作者之一。

■铁剑

青铜剑

女，是春秋战国民间武术家，精于剑术，剑术理论也非常精辟，对后人影响颇大。

鲁石公的剑道也出类拔萃，汉代刘向《说苑》对此有记载：

> 鲁石公剑，迫则能应，感则能动，昒穆无穷，变无形象，复柔委从，如影如响，如龙之守户，如轮之逐马，响之应声，影之象形也。阊不及鞈，呼不及吸，足举不及集，相离若蝉翼，尚在肱北，眉睫之微，曾不可以大息小，以小况大，用兵之道，其犹然乎。

从这段描述中，我们就可以看出鲁石公出神入化的高超剑术。

武林有“剑走青，刀走黑”的谚语，“青”，是轻的通假，指轻捷便利，交手之时，能干净利落、快速敏捷地防守和进攻，谓之“走青”。剑的特点就在于身薄而轻，且为直身，因而基本剑法劈、刺、扎、撩、点、崩、截、抹等都是这种特点的必然选择。

刘向（约前77年~前6年），西汉经学家、目录学家、文学家。本名更生，字子政，今江苏沛县人。汉初楚元王，即刘交的四世孙。治《春秋穀梁传》。曾任谏大夫、宗正等。成帝时，任光禄大夫，终中垒校尉。曾校阅皇家藏书，撰成《别录》，为我国最早的目录学著作。著有《新序》《说苑》《列女传》等。

剑这种兵器在战场上攻击力有限，远不如攻势厚沉的大刀，《武备志》中有“古之言兵者必言剑，今不用于阵”的说法，表明了剑不再适合实战需要的情况，有一定道理。

战阵拒绝排斥了剑，而剑并未绝迹，反而制作更加精良，技法更加精妙，被人称为“诸器之帅”，原因是剑具有了比其他内涵更加丰富的功能。

剑在人类文明的初期就神圣化了，人们在剑前冠以“宝”字，称之“宝剑”，将剑视作“神兵”“神器”，王公贵族均备名剑，佩剑之风盛行。

《古今刀剑录》记载：夏禹之子启“铸铜剑”，“上刻二十八宿文”，秦始皇有“定秦”剑，汉高祖刘邦有“赤霄剑”，汉文帝有“神龟”剑……统治者得名剑甚至成了君权神授的象征。

刘长卿诗《宝剑篇》“自然神鬼伏，天子莫空弹”，谭用之诗《古剑》“铸时天匠待英豪”隐隐表明了这种意思。

三国时袁绍梦见神仙授给他一柄宝剑，醒来后果然发现宝剑就放在卧室里，取来一看，剑上铸有铭文“思召”二字。

袁绍找人解释，解释者说，思通丝，丝与召就是“绍”字，袁绍听罢喜不自禁。这个故事里，剑明明白白是受命的象征了。

更神奇的是剑还常常传达出一种预言。东汉光武帝刘秀，尚未发迹前，在南阳鄂山得一把宝剑，上面的铭文为“秀靶”。后来刘秀果

曹丕（187年～226年），三国时期著名的政治家、文学家，曹魏的开国皇帝，曹操的长子。曹丕文武双全，8岁就能提笔为文。220年正月，曹丕继任丞相、魏王。除军政以外，曹丕自幼好文学，于诗、赋、文学皆有成就，与其父曹操和弟曹植，并称“三曹”。

■ 双鸟环首青铜短剑

然得了天下，自己铸了4柄宝剑上面都刻有“中兴”，但自己刻的没有用，后来便“一剑无故自失”，东汉也在灵帝手中名存实亡了。

剑毕竟还是兵器，秦汉时期，不仅佩剑之风盛行，而且精于剑术的人颇多，特别是一些文人学士，如司马迁 “在赵国者，以传剑论显”，武将就更不用说了。剑道在这个时期出现比较复杂的招式，出现了竞技性质的比赛，竞争激烈。

如《典论》记载了曹丕与邓展的一场比赛：一天，曹丕与邓展一起饮酒，席间谈话说起了剑术，曹丕指出了邓展的一些错误说法，并向邓展表示，若不信服，可以较量一番。

邓展当时稍有醉意，经曹一激不甘示弱，当即表示愿与之较量。

考虑到真剑会失手伤人，两人就用甘蔗作为剑，没几个回合，曹丕3次击中邓展的臂膀，引起旁边观者的哄笑。

邓展不服气，要求再比，在第二轮比赛中，曹丕以败招引诱邓展，邓果又中计，被曹丕击中门面。

据说曹丕曾师从洛阳名师王越，经过勤学苦练，剑术炉火纯青，所以才战胜了剑术老道的名将邓展。

阅读链接

在我国古代，剑是武、武备、武功、武术、尚武精神的象征。可以说了解了剑，也就基本了解了我国武术的真谛。

如《五代史》还记载了一个传说：成都有一个叫朱善存的人，世世代代传下一柄宝剑，天下太平时，剑便长出“神芝”，天下兵乱时，剑则吐“黑烟”，日期与暴乱发生的时间一天不差。剑已经是一种权威、威仪、力量的象征了。

神医华佗初创健身五禽戏

汉代末年，神医华佗受“熊经鸟伸”的启发，并吸收了鹿、猿、虎等动物的动作特征，创立了“五禽戏”，“亦以除病，并利蹄足”，既可以健身治病，又能使人手足灵活有力，从而能自卫击人。

华佗画像

人类的象形习性是人类固有的品性，因而人类的象形活动伴随着人类的形成而发展。《尚书·皋陶谟》记载：“予击石附石，百兽率舞”，可见在旧石器时期，祖先就会学仿百兽之形了。原始社会出现的猿猴舞、雀鸟舞、熊舞等模仿各种动物动作的舞蹈，在《尚书》中被称为“百兽舞”，其中许多动

五禽戏木雕

作被后来的武艺吸收，形成五花八门的象形拳。

至汉代，已经出现了模拟动物或吸收动物动作特点的拳种。湖南长沙马王堆汉墓出土的汉帛画中就有“沐猴灌”的名目和图像，表现的正是古代的猴拳，从形象上看，吸取了猴子敏捷特点，也有拨弄挑逗、凌厉攻击、奔逃嬉戏的情景，十分逼真。

华佗字元化，小时候非常聪明，但性格孤僻，长大后不愿意出仕做官，却特别喜欢治病救人的医术，他收集了很多秘方验方，但效果都不太理想，后来他听说名山之中常有得道的仙人居住，于是就遍游山川，拜师求道。

华佗这样访寻了好多年，虽并没有遇到想象中的仙人，却看到了不少活泼可爱的动物，如象、鹿、鹤、猿等，它们奔跑戏耍的形象，给华佗留下了深刻的印象，但他并没有悟出这与他所追求的医术养生术有什么关系。为了求道，华佗继续在深山中寻访。

皋陶 我国古代传说中的人物。史书典籍中多称为“大业”，传说他是上古“五帝”之首的少昊的后裔，东夷部落的首领。是舜帝和夏朝初期的一位贤臣，曾经被舜任命为掌管刑法的“理官”，以正直闻名天下。他还被奉为我国司法鼻祖，后常为狱官或狱神的代称。

有一次，华佗来到公宜山，这是一座山势险峻、人迹罕至的大山，进得山来，但见怪石嶙峋，松柏争翠，脚下流水潺潺，山腰云雾缭绕。华佗不禁心旷神怡，陶醉其间，不知不觉来到一个古洞前面。

忽然，华佗听到洞中有人在谈论什么，他屏息细听，发现是两位老人正在谈论治病养生之事。华佗又惊又喜，心想梦寐以求的夙愿终于实现了！

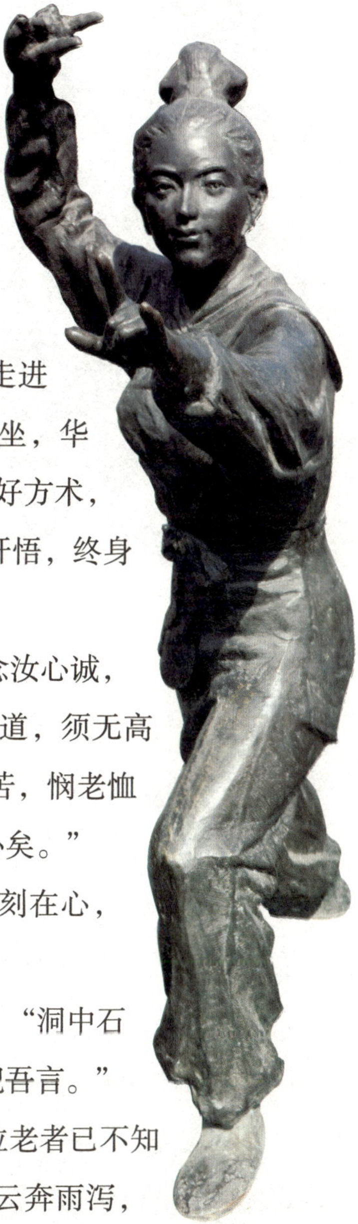

但华佗又不敢贸然进洞，忽听见一位老人说：“华生已经来到洞外，我们可将此术传授与他。”

另一位接道：“华生虽然求道心切，但也还须开导一番，方可与他。”

华佗听到这些，再也不敢犹豫，立即走进洞中。只见两位老人，头戴草帽，相对而坐，华佗急忙躬身下拜，说道：“晚生华佗，素好方术，寻访数年，未得真传，今幸遇仙者，乞为开悟，终身不负大恩。”

一老者道：“医之为术，非人不传，念汝心诚，今传与汝。吾有数言，汝当牢记：为医之道，须无高下，无贫富，无贵贱，不务财贿，不惮劳苦，悯老恤幼，济世活人，以为己任，如此则不负吾心矣。”

华佗再次跪拜：“圣贤之教，晚生铭刻在心，俱能从之。”

两老者相视而笑，手指着一个旁洞说：“洞中石床上有书 函，取后速归，勿示俗流，切记吾言。”

华佗依言果得书一函，回头看时，两位老者已不知去向。华佗小心翼翼地走出洞外，忽然间云奔雨泻，

石洞崩塌。

华佗携书回家，悉心研究，发现这是一部医书，理法方药一应俱全，与过去所见所闻皆不相同。依书中所论施疗，无不神效。其所擅长施用的麻沸散及剖腹开颅等方法皆出自该书中。

书中还记载了养生健身的方法，其中之一就是五禽戏。华佗素爱养生之术，一见五禽之戏，便每日依法演练，数年间游历山川所见猿、鹿、鹤、熊、虎等栩栩如生的形象便浮现在眼前，仿佛自己又置身于大自然之中。

日复一日，年复一年，华佗坚持演练五禽戏达到了出神入化的境地，收到了意想不到的效果，以致年且百岁，犹有壮容，时人以为仙，其实这都是长期演练五禽戏的结果。

华佗五禽戏包括虎戏、鹿戏、熊戏、猿戏、鸟戏5种仿生导引功夫。五禽戏动作柔和，而且与呼吸、意念相结合。

虎戏取自然站式，俯身，两手按地，用力使身躯前耸并配合吸气，当前耸至极后稍停；然后，身躯后缩并呼气；如此3次。继而两手先左后右向前挪移，同时两脚向后退移，以极力拉伸腰身。

接着抬头面朝天，再低头向前平视；最后，如虎行走般以四肢前爬7步，后退7步。

鹿戏也为四肢着地势。吸气，头颈向左转，双目向左侧后视，当左转至极后稍停；呼气，头颈回转，当转至面朝地时再吸气，并继续向右转，一如前法。如此左转3次，右转两次，最后回复如起势。然后，抬左腿向后挺伸，稍停后放下左腿，抬右腿如法挺伸。如此左腿后伸3次，右腿两次。

熊戏取仰卧式，两腿屈膝拱起，两脚离床席，两手抱膝下，头颈用力向上，使肩背离开床席；略停，先以左肩侧滚落床面，当左肩一触及床席立即复头颈用力向上，肩离床席；略停后再以右肩侧滚落，复起。如此左右交替各7次。

然后起身，两脚着床席成蹲式，两手分按同侧脚旁；接着如熊行走般，抬左脚和右手掌离床席；当左脚、右手掌回落后即抬起右脚和左手掌。如此左右交替，身躯亦随之左右摆动，片刻而止。

猿戏是选择一牢固横竿，略高于自身，站立手指可触及高度，如猿攀物般以双手抓握横竿，使两肢悬空，作引体向上7次。接着先以左脚背钩住横竿，放下两手，头身随之向下倒悬；略停后换右脚如法钩竿倒悬。如此左右交替各7次。

华佗有两个弟子，一个叫吴普，一个叫樊阿，他们两人都曾向华佗请教养生方法，于是华佗就把自己创立的方法分别传授给了他们，结果，他们两人都得以高寿。吴普90多岁时还耳聪目明，牙齿坚固，樊阿100多岁时头发胡子都还乌黑发亮，精神气力比青壮年还旺盛。可见，华佗武术养生的效果是十分显著的。

阅读链接

后人将华佗的“五禽戏”视作各种象形取义的仿动物拳种的鼻祖，大概因为华佗的思路开创了一块全新的天地，直接影响了仿生术式武术的发展。

《三国志·魏书·方技传》记载：“佗语普曰：人欲得劳动，但不当使极尔。动摇则谷气得消，血脉流通，病不得生，譬犹户枢不朽是也。是以古之仙者为导引之事，熊颈鸱顾，引挽腰体，动诸关节，以求难老……普施行之，年九十余，耳目聪明，齿牙完坚。”

武行天下

两晋南北朝时期，诸侯分裂割据，儒、道、佛三教合流，玄学盛行，大大丰富了我国武术文化。尤其是达摩祖师在嵩山少林寺，开创了禅武合一的武术宗旨，使少林成为千百年来的功夫之源，有“天下武功出少林”之说。

隋朝末年，由于各地义军兴起，大大推动了武术的开展。唐朝实行武举制，武则天规定了武举的项目和内容，用考试办法授予武艺出众者以相应称号，这种选拔人才的制度，也促进了武术活动的大发展。

达摩创立少林禅武祖庭

达摩塑像

公元520年前后，正是南北朝时期，印度高僧菩提达摩遵照师父的嘱咐，准备好行李，驾起一叶扁舟，乘风破浪，漂洋过海，用了3年时间，历尽艰难曲折，来到了我国广州。

广州刺史得知此事，急忙禀报金陵，梁武帝萧衍笃信佛教，他立即派使臣把达摩接到南朝都城建业，即南京，为其接风洗尘，宾客相待。

梁武帝即位以后建寺、写经、度僧、造像甚多，他很自负地询问达摩："我做了这些事有多少功德？”

达摩却说：“无功德。”

武帝又问：“何以无功德？”

达摩说：“此是有为之事，不是实在的功德。”

武帝不能理解。

达摩是禅宗大乘派，主张面壁静坐，普度众生。由于他们的主张不同，每谈论起佛事，二人总是不投机。这时达摩感到建业不是久留之地，于是决定离开。

梁武帝深感懊悔，得知达摩离去的消息后，马上派人骑骡追赶。追到幕府山中段时，两边山峰突然闭合，一行人被夹在两峰之间。

达摩图

达摩急着过江，停立江岸，只见水域茫茫，既没有篙，也没有船，连个人影也不见。这怎么过江呢？达摩十分焦虑。

谁知“天无绝人之路”。正在这无可奈何之际，达摩突然发现岸边不远的地方坐着一个老太太，身边放了一捆草，看样子好像也是在等船过江。达摩暗自盘算：这位老人偌大年纪，为何孤苦伶仃，无人护送照料？也罢！只有向老人家求助了。

于是他迈步走上前去，恭恭敬敬地向老人施了一礼，说道：“老菩萨，我要过江，怎奈无船，请您老人家化棵芦苇给我，以便代步。”

大乘派 即大乘佛教，也称“大乘教”，简称“大乘”。因能运载无量众生到达菩提涅槃之彼岸，成就佛果，故名。在佛教的声闻、缘觉和菩萨乘的三乘教法中，菩萨乘为大乘教法，历史上的北传佛教均以大乘为主。

禅杖 佛门中的禅杖原是禅门之中在坐禅时用以警睡之具。后演变为一种兵器。长约5尺，通体铁制，两头有刃。一头为新月牙形，月弯处有4个小孔，分穿4个铁环，另一头形如倒挂之钟，长约7寸。尾端两侧各凿一孔，穿有铁环，柄粗寸余。禅杖两头均可使用。

老人抬起头来，仔细地端详达摩。见他两只突鼓的眼睛炯炯有神，满脸络腮胡子，卷曲盘旋，身材魁梧，举止坦然，形象端庄，仪表非凡。老人暗自点头称许，便顺手抽出一根芦苇递予达摩。

达摩双手接过芦苇，向老人道谢而去，及至江边，他把芦苇放在江面上，只见一朵灵苇花，昂首高扬，5片芦苇叶，平展伸开，达摩双脚踏于卢苇之上，飘飘然渡过了长江。

达摩过江以后，手持禅杖，信步而行，见山朝拜，遇寺坐禅，当他来到洛阳时，看到永宁寺内十分精美的宝塔，自言："年150岁，历游诸国，从未见到过。极佛境界，亦未有此！"因而他"口唱南无，合掌连日"。

■达摩苇叶渡江

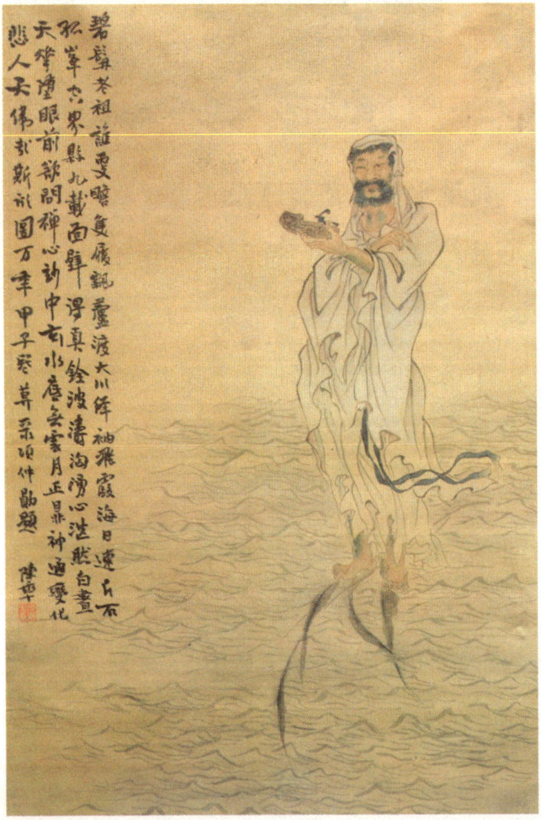

527年，达摩到达了嵩山少林寺。达摩看到这里群山环抱，森林茂密，山色秀丽，环境清幽，佛业兴旺，谈吐文雅。心想，这真是一块难得的佛门净土，于是，他就把少林寺作为他落迹传教的道场。

五乳峰中峰的上部，离峰顶不远的地方，有一个天然石洞，这个石洞高宽不过3米，长度约有7米。方方的洞门，正好向阳敞开，冬暖夏凉。洞前有一堆紧凑的小草坪，周围不见天空。真是：“此地无盛夏，空山听鸟鸣。”

达摩来到少林寺后，就把这个天然石洞作为他修性坐禅的地方。相传达摩在这个石洞里，整日面对石壁，盘膝静坐。不说法，不持律，默然终日面朝壁，双眼闭合，五心朝天，在“明心见性”上下工夫，在思想深处“苦心练魔”。

洞内静若无人，万籁俱寂，入定后，连飞鸟都不知道这里有人，甚至在达摩的肩膀上筑起巢穴来了。

达摩面壁图

“开定”后，达摩就站起来，活动一下四肢，锻炼一下身体，待倦怠恢复后仍继续坐禅。

达摩终日静坐，不免筋骨疲倦，又加上在深山老林，要防野兽和严寒酷暑的侵袭，在传经时，他发现好些弟子坐禅时间久了，昏昏欲睡，精神不振。为了驱倦、防兽、健身、护寺，达摩等人仿效我国古代劳动人们锻炼身体的各种动作，编成健身活动的“活身法”传授僧人，此即为“少林拳”的雏形。

此外，达摩在空暇时间还练几手便用铲、棍、剑、杖等防盗护身的动作，后人称之为“达摩

入定 即入于禅定，为三学、五分法身之一，能令心专注于一境，可分为有心定、无心定等种。有为佛道修行而入定者，也有为等待多年后将出现于世的圣者而入定者。要入定，就要具备一些因缘，就是要离昏沉、掉悔、嗔、疑、贪欲“五盖”。

■ 达摩修行塑像

铲”“达摩杖”“达摩剑”等，以后，他又吸取鸟、兽、虫、鱼飞翔、腾跃的姿势，发展丰富了“活身法”，创造了一套动静结合的罗汉十八手，由此成为少林功夫的基础。

少林功夫不仅仅是由一串拳脚棍棒组成的，它还包含着一种精神，这种精神是由少林功夫形成的历史赋予的。

“功夫”一词是佛教专用名词，禅宗的修行成果就叫“功夫”。比如坐禅、参话头就叫“做功夫”。“做功夫”的目的是为了开悟成佛，超凡入圣，彻底改变人的品质。

少林功夫是禅和武的结合，达摩教少林僧人习武是一种修行，所以又叫“禅武”，“禅武合一”，故有“禅武同源，禅拳归一”之说。禅为武之主，武为禅之用。即武是禅的表现，是禅生命的有形化；禅是武

罗汉十八手 是少林拳术中较早的初级套路之一。最初是根据十八罗汉铜像各选了一个动作，称为十八罗汉手，后来，逐渐演化成有节有理的武术套路，亦称罗汉十八手。其防法主要是退、转、闪、躲、缩等避开对方之功招。

的精神实质，以禅入武，便可达到武术最高境界；武学大道也就是禅道。

除武法外，后世少林医法、建筑、书画、雕刻等文化艺术，都是禅的应化。

这样，达摩入定，开定，日复一日，年复一年。从527年至536年，整整面壁9年。当他离开石洞的时候，他坐禅面对的那块石头上，竟留下了一个达摩面壁姿态的形象，衣裳褶纹，隐约可见，宛如一幅淡色的水墨像。人们把这块石头称为“达摩面壁影石”。

水墨 即“水墨画”，中国画的一种表现形式，是国画的代表。基本的水墨画，仅用水与墨，黑与白色，墨为主要原料加以清水的多少引为浓墨、淡墨、干墨、湿墨、焦墨等，画出不同浓淡层次，别有一番韵味。

达摩所创立的少林禅宗虽然是宗教的，其实更是哲学的，是人类追求情感满足的一个重要方面。佛教从汉代传入我国多年之后，禅宗成为佛教和佛学的同义语，因此少林功夫产生于少林寺，与禅宗结下了不解之缘。

达摩讲禅图

后来，达摩祖师留下了武学瑰宝《易筋经》，这是一种改变筋骨的方法，经常练习《易筋经》可以收到防治疾病、延年益寿的效果。

《易筋经》包括内经和外经两种锻炼方法，各有12势。《易筋经》内经采用站式，以一定的姿势，借呼吸诱导，逐步加强筋脉和脏腑的功能。大多数采取静

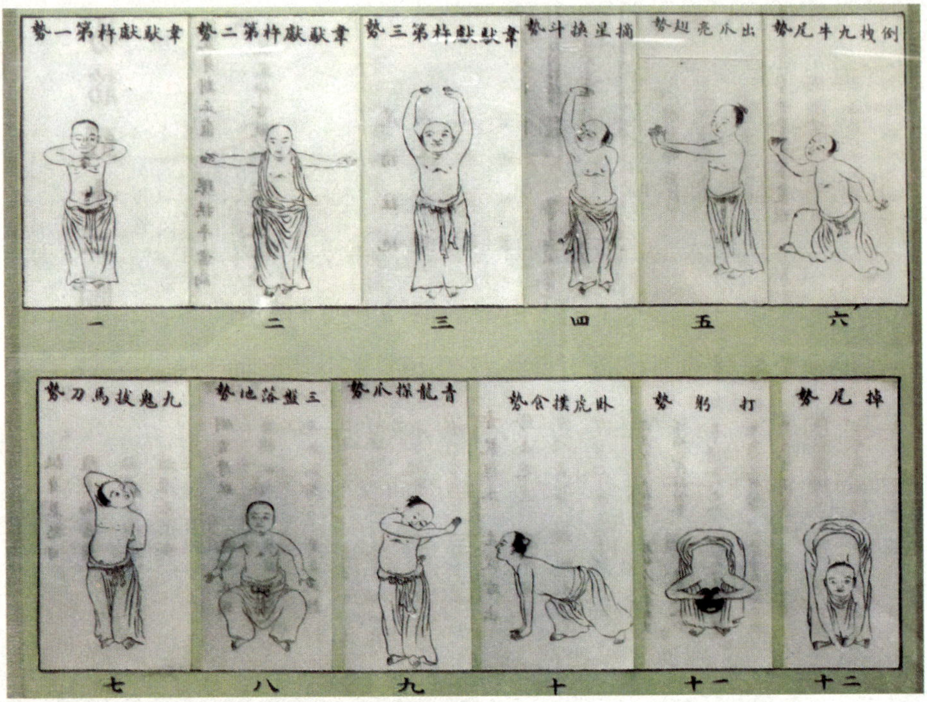

■《易筋经》十二势图解

止性用力。呼吸以舒适自然为宜，不可屏气。

《易筋经》包括韦驮献杵3势、摘星换斗、三盘落地、出爪亮翅、倒拽九牛尾、九鬼拔马刀、青龙探爪、卧虎扑食、打躬势、工尾势等。

这段时间，道育、慧可两位僧人礼见达摩最多，并亲近和供养了他四五年。达摩感觉他们真诚，遂传授他们禅宗衣钵。

传说达摩将衣钵法器传给慧可以后，便离开少林去禹门，禅栖在千圣寺，于东魏孝静帝时端坐圆寂。达摩死后，他的尸骨按照佛教的礼仪装殓入棺，十二月隆重地移葬在熊耳山，在河南定林寺内为他建造了一座墓塔，以作纪念。

达摩之死，世所共知。东魏时期使臣宋云因事出使西域久而未归，对于达摩辞世的事一无所知。达

圆寂 谓圆满诸德，寂灭诸恶。佛陀之死为收迷界之化用而入悟界，既已圆满诸德，寂灭诸恶，故称“圆寂”，后世转而称僧徒之死。又称“归寂”“示寂”“入寂”。与涅槃、迁化、顺世同义。也指离生死之苦，全静妙之乐，穷至极之果德。

摩死后两年，宋云从西域返回洛京。在途经葱岭的时候，迎见达摩一手拄着锡杖，一手掂着一只鞋子，身穿僧衣，赤着双脚，由东往西而来。

两个人相遇后，宋云急忙停步问道："师父你往哪里去？"

达摩回答说："我往西天去。"接着又说："你回京以后，不要说见到了我，否则将有灾祸。"

两人道罢，各奔东西。

宋云以为达摩给他说的是戏言，丝毫没有介意。回到京城以后，向皇帝复命交旨时，顺便提到了他途经葱岭遇见达摩老祖回西天的事情。

谁知话音未落，孝静帝就发了火，怒斥宋云："人所共知，达摩死于禹门，葬于熊耳山，造塔定林寺，你说在葱岭遇见了达摩，死人怎么复活？这分明是欺君骗朕，岂有此理？"说罢，孝静帝便令殿角侍卫把宋云扭出殿外，投入南监。

事隔数日之久，一天，孝静帝坐朝审理宋云欺君一案。将宋云传上殿以后，孝静帝问道："你在葱岭遇见达摩的事情，究竟是怎么回事，你要如实说来。"

宋云先叩头，后说出一首

塔 原为古印度埋葬佛祖释迦牟尼火化后留下的舍利，是一种佛教建筑，汉代时随着佛教在东方的传播，与我国的本土建筑重楼相结合，并广泛扩散，发展出了塔这种极具东方特色的传统建筑。

■达摩雕塑

达摩佛塔

诗："皇上容禀：葱岭见达摩，祖师光着脚，一手拄锡杖，一手提只履。僧衣随风飘，翩翩向西行。他说回西天，不让我吭声，假若说出去，灾祸必报应。臣觉是戏言，顺便奏主君。如今从实说，句句都是真。不敢欺皇上，万望是非分。"

孝静帝听了以后，半信半疑，真假难辨，无所适从。君臣们在殿角下，也是议论纷纷，最后有人建议说："达摩西归宋云见，监禁岂敢再欺天，既然真假是非难辨，可以开棺验尸。"

孝静帝采纳了后一条建议，遂把达摩墓穴挖开，撬开棺盖一看，果然没有尸骨，只剩下一只鞋子了。宋云蒙受的不白之冤遂平反昭雪。

阅读链接

传说禅宗初祖达摩大师圆寂后，曾留下一个铁箱子，弟子们打开箱子，发现达摩老祖用天竺梵文所写的两部武功秘籍《洗髓经》和《易筋经》。《洗髓经》被二祖慧可带走，已经失传；《易筋经》则留在少林寺。

由于少林寺僧人并不精通梵文，每人都只能看懂《易筋经》的一部分，于是大家各自根据不同的理解练习，竟然从此将少林功夫分化出诸多门派，光大了少林功夫。

少林棍僧协助建立大唐

617年，隋朝的唐国公李渊、秦王李世民父子在太原起兵，乘关中空虚，占领了隋都长安。次年，隋炀帝被杀，李渊在长安称帝，改号称“唐”。

唐朝刚建立的时候，天下仍处于群雄割据之中，最使李氏父子担心的是郑、夏势力的发展和存在。原隋大将王世充盘踞洛阳，号称郑国皇帝，势力十分雄厚。另有河

李世民（599年～649年），唐代第二位皇帝，登基后，开创了著名的贞观之治，他虚心纳谏，厉行俭约，轻徭薄赋，使百姓休养生息，各民族融洽相处，国泰民安，对外开疆拓土，被各族人们尊称为天可汗，为后世明君之典范。

武僧习武壁画

北窦建德也在极力招兵买马，扩大地盘，号称夏国皇帝，二者成了唐政权统一天下的最大障碍。

620年，李世民以太尉、尚书令、秦王等身份率兵出关，征战王世充，大军屯于北邙山，而后寻机向王世充外围据点进攻。

征战之初，唐军进展并不顺利，为调动当地各种反郑力量，善于动脑筋的李世民特意给置于王世充辖区的少林寺住持写了一封书信，信中劝说少林和尚认清大局，顺乎正义潮流，帮唐军征战王世充。

此时的少林寺众僧，饱尝了隋末动乱的打击之苦，寺院重建尚未完善，众僧聚集在少林寺西北的柏谷庄，守护着那里寺院的百顷良田。

唐郑两军对垒，王世充出于战争需要，对要地柏谷庄进行了强制性占领，并命侄子王仁则驻军把守。他们依靠险要地形，建立军事工事，进而企图吞并少

尚书令 古代官名。始于秦，西汉沿置，本为少府的属官，掌文书及群臣的奏章。汉武帝时以宦官司担任，汉成帝时恢复尚书令名称，权势渐重，领导尚书。东汉政务归尚书，尚书令成为对君主负责，总揽一切政令的首脑。

林寺赖以生存的唯一庄田。

少林寺僧众对此虽早有不满，但又无可奈何。这时恰遇唐郑两家交锋，又早闻李世民的英明，少林寺僧众也就暗中做了唐军的帮手。

620年9月，李世民大兵向洛阳逼近，围困洛阳城不放。同时还继续对洛阳外围王世充势力进行打击。李世民派大将王君廓攻克了郑军要点。

李世民初来乍到，进兵不利，在一次观察作战地形时，被郑兵俘虏，囚禁在洛阳城大牢，他的弟弟李元吉带兵来救，又被王世充打败，情势十分危急。

这个消息很快被少林僧人听说了，全寺上下不甘心再受王世充之欺，决心冒险救下李世民。

一天夜里，少林寺的“十三棍僧”凭着对洛京地形的熟悉，摸到了洛阳城下，这13个和尚分别是上座僧善护，都维那僧惠玚，寺主僧志操，以及昙宗、

王世充（？~621年），字行满，本来姓支，是西域的胡人。我国隋朝末年起兵群雄之一。公元619年自立称帝，国号郑，年号开明。公元621年，被李世民击败，郑亡。同年七月，王世充被仇人所杀。

古代骑兵雕塑

普惠、明嵩、灵宪、普胜、智守、道广、智兴、满、丰。他们去掉了平时绑在身上练功用的“重身”沙袋，一个个身轻如燕，很快爬上了城头。

■ 少林寺武僧救唐王壁画

志操和尚以往常出入洛阳，大街小巷都十分熟悉，大伙就跟着他左拐右转，不一会儿就找到了大牢。这里戒备森严，往来巡逻的兵丁很多，和尚们却神不知鬼不觉地抓了几个喽啰提到僻静处盘问，弄明白了李世民被关押的位置和掌管钥匙的情况。大家在大牢外搭起人梯，昙宗领着智守、普胜等人进去救人。

当时正是深夜，昙宗舔破窗纸发现管大牢钥匙的百总正趴在桌子上打哈欠，就以迅雷之速推门进入，把那家伙捆了个结结实实，搜出了钥匙。守牢的狱卒也是不堪一击，几位和尚略施身手就将他们制服。

李世民披着一具大枷，正一脸疲态地靠着墙根坐在地上，突然看见几个年轻和尚到了跟前，正待发问，昙宗连忙摆手，止住了问话，随手拿出钥匙开了大枷，蹲下身去背着李世民出了大牢。

他们当即拿定主意：一不做，二不休，干脆兵分两路，一路护送李世民出城，到洛阳桥头等候；一路

回合 是源于我国古代车战的主要形式。在车战开始时，战车驶向对方，两方开始交战：先是远程，射者对攻；在战车靠近后，再用戈矛交战；然后战车擦身而过，驶向远方，再是弓箭对射。这个过程称为“合”。战车驶远后，各自必须再兜过头来，准备第二次对攻。战车掉头的过程，就是“回”。两车再驶近而“合”。

去捉拿王仁则。

在善护带领下，昙宗、明嵩等5人，穿过伊洛街口，见有三四个郑兵在一座高楼前游荡，便抓住其中一个，让他领到王仁则院前，又想办法打开了房门。

当时，屋内的王仁则正在喝酒取乐，忽见有人进屋，劈头就是一剑，昙宗来个镏金沙飞掌，拨过来剑，闪进屋中，两人就在屋内相斗起来。几个回合，昙宗伸手抓起一泡菜缸上的石磨照着王仁则砸去，只听“啊呀”一声，王仁则倒在地上。

昙宗一脚踏在王仁则身上，明嵩进到屋里，用绳子将王仁则一绑，昙宗像扛粮食袋子似的，往肩头一放，顺手抓起了桌上一方玉印，5个僧人一同赶往洛阳桥。

再说志操他们，在官马棚牵了14匹战马，接应营救李世民的一路人后，将李世民扶上马，破门来到洛阳桥头等候。

不多时，昙宗扛着王仁则来到桥头，翻身上马，用胳膊夹着王仁则，14匹战马直向西而去。

这时天就快亮了，守城的士兵正值松懈之际，大伙齐声呐喊着扑上前去，杀散了兵士，打开城门，往嵩山方向疾驰。

不久，一名郑将骑马领兵追了出来，志操和尚回身一招“只

■秦琼（？～638年），唐代著名大将，勇武威名震慑一时，是一个于万马军中取人首级如探囊取物的传奇式人物。曾追随唐高祖李渊父子为大唐王朝的稳固南北征战，立下了汗马功劳。因其功居于凌烟阁二十四功臣之一。民间尊其与尉迟恭为传统门神。

燕穿云”，将他打落马下。就这样且战且退，后来，唐将秦琼赶来救援，将李世民顺利接回了唐军大营。

13个少林和尚把俘虏到的郑将王仁则和那块玉印，一并交给了李世民，便得胜回柏谷庄去了。

少林寺的“十三棍僧”冒险救出了李世民后，又在随后唐郑两军再次对垒的时候，从寺里带了500僧兵，悄悄地穿过轩辕关，直抄郑军后路。唐军大受鼓舞，锐不可当，迫使王世充不得不归降了李世民。

为感谢少林众僧的战功，李世民登基以后，“嘉其义烈，频降玺书宣慰，赐田四十顷，水碾一具，即柏谷庄是也”。

621年4月，唐政权对13位战功突出的少林和尚不但均有赏赐，而且封昙宗为大将军。这是一个莫大的光荣。为了传颂这一光辉荣耀，少林寺还特意竖一通《皇唐嵩岳少林寺碑》立传，向后人炫耀这一丰功伟绩。

碑的正面左上方“世民”两字为李世民以亲笔草书嵌入。碑的阴面附有13位立功和尚的名字，此碑虽经千年风雨，但至今仍完整屹立，字字行文，历历在目。

少林武僧

在少林寺，还有一通名为《少林寺新造厨库记》的唐碑，其中对少林僧参加唐郑之战的原因也给了明确说明："赐田于开皇，若乃顺天应人，擒盗助信，摧魔军于充斥，保净土于昏霾。"撰文者顾少连把郑军称为"魔军"，那么，少林僧兵和唐军也就相应成了顺天应人的正义之师了。

皇唐嵩岳少林寺碑

少林寺在修法传灯的过程中，对助唐立功受赏的事件还不断地进行美化和修饰。他们演义"少林十三僧"助唐立功为"十三和尚救唐王"立功，并在寺内多处绘制图画，炫耀少林武僧们的辉煌之举，张扬少林武僧的功绩与威风。

与少林寺形成武装力量相应的是，以观世音菩萨愿力信仰为核心的那罗延金刚神信仰开始流行，并一直延续至14世纪的元代末期。

盛唐以来，禅宗教法盛行，成为佛教主流。少林功夫立足实用、注重技击的特点逐渐显现出来。

此时，少林寺规模空前扩大，寺产颇丰。保护寺产安全及重要社会活动，对武僧们的技击水平提出了更高的要求，习武，成为寺僧们重要的生活内容。

如唐代的圆静和尚，自幼习武，善练刀、枪、鞭术，尤擅气功，众称铁汉子。30岁后皈依少林寺，号称"铁和尚"。

根据少林寺武僧谱记载，少林刀术即起源于圆静

观世音菩萨 观世音是鸠摩罗什的旧译，玄奘新译为观自在，我国称为"观音"。观世音菩萨是佛教中慈悲和智慧的象征，无论在大乘佛教还是在民间信仰，都具有极其重要的地位。在我国的江、浙、闽、广、台湾，以及南洋华侨间，观音信仰极为普及。

和尚，如“圆静善马挥刀……（敌）首级遍地血成河”，就反映了圆静和尚的高超刀技。这说明少林刀术也是寺僧们为了健身自卫，在防盗护院和实际作战中逐渐发展起来的。

少林拳术套路大部分在36个动作以内。套路短，组合招式严密紧凑。整个套路练习所用时间短，目的是为了练习者在练功中能集中全身之能量，一气呵成，利于每个招式功夫的增长。避免套路太长而使其因体力不足勉强敷衍的缺陷。

少林拳法讲究“拳打一条线”。直线的运动，有利于进退速度。练功时，少林功夫套路的起、落、进、退、闪、展、腾、挪等都在一条线上运动。

少林功夫的招法运用上，有“老嫩”之分。老者指招式太过，嫩者指招数不及。招式的“老嫩”影响出招发力。因此，少林拳法为避免老嫩之弊，采用非曲非直之法。发一拳一掌，其力量最大之瞬间在非曲非直之间。

阅读链接

在历代皇室的支持下，少林僧人“昼习经典，夜练武略，修文不废武备”，习武同实战紧密结合起来。一部分少林和尚实际上变成了皇家所供养的特殊军队，习武性质也较以前大不相同。

“谈玄更演武，礼佛爱论兵”的风气成了少林寺世代相传的特殊宗风。明代诗人徐学谟在其《少林寺杂诗》中说得好：“怪得僧徒偏好武，昙宗封为大将军。”

的确，自唐太宗击退王世充，赐昙宗官，僧人练习武艺更加勤勉，少林僧兵自此走上了直接为皇家服务的道路，在以后的朝代里，少林僧或接旨去镇压“反叛势力”，或消灭民族败类，或出征抵御外来侵略，功功过过间而有之，习武宗风，代代相传。

武林雄风

宋代尚武风气盛行，设有“武学”，每年春秋各考核一次。宋王朝颁发考核士卒武艺标准，十分重视军中将士武艺的提高。通过比试，分出上、中、下等级。

元代是我国北方蒙古族建立的王朝，蒙古族由于以游牧为主，军中历来重视骑射，每逢重大节日多举行骑射活动。由于在民间禁止练武，武艺被搬上了舞台，出现了不少武打剧目，各类兵器也出现在武戏场上，使武术文化得到了普及。

赵匡胤改进武术训练制度

927年3月21日，都府洛阳夹马营赵家出生了一个面方耳大、眉清目秀的婴儿，取名匡胤。这个大胖小子的出生，乐得全家合不拢嘴。赵氏“累代仕官”，赵匡胤的祖父做过营州、蓟州、涿州刺史。父亲赵弘殷武弁出身，擅长射击，跟随晋王后，奋勇冲杀，战功赫赫，遂被晋升为飞捷指挥使。晋王夺取后梁帝位建立后唐，定都洛阳，赵家也随迁而至。

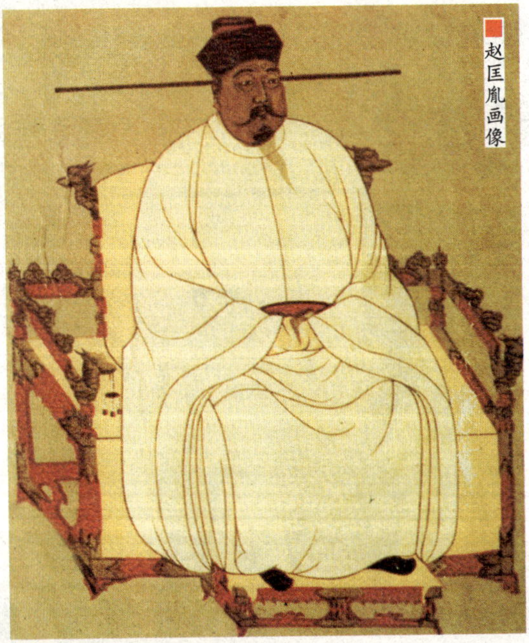

赵匡胤7岁时，开始接受教育，以便子承父业，走上仕途。不料，安定日子没过几年，又出现政局动乱。赵弘殷怕误儿子的学业，请来

一位姓辛名文悦的同乡，给匡胤当业师，讲习《五经》。

辛老先生是饱学宿儒，勤于治学，对学业抓得很紧，但赵匡胤受时代的熏陶，耳濡目染，干戈扰攘，哪里有心思苦读嚼蜡似的“之乎者也”。

当一听先生说放学，赵匡胤就像离弦的箭，拔腿而出，伙同孩子们玩起做操演打仗的游戏，很快就成了孩子王，只要他一声令下，没有一个孩子不听话的。从学塾归家，他命令孩子们排队，自己押在队后喝令，队伍好生整齐。

赵匡胤夜谈图

赵匡胤10岁时，后晋灭后唐，迁都汴梁开封，赵弘殷也举家随迁，住进汴梁龙巷。从洛阳到汴梁，赵匡胤也逐渐长大，生就一张紫红的大脸，魁梧的身躯，雄伟英俊，十分洒脱。他稳重深沉，善于思索，决心弃文习武，走武力建功立业的道路。

948年，赵匡胤21岁那年，告别结婚3年的娇妻贺氏，孤身一人闯荡江湖。也就在这一年，赵匡胤来到少林寺学习武术之后，自己独创了一个套路，即后世所称的“太祖长拳”的雏形。

赵匡胤在少林寺学艺之后，继续他的游侠之旅，

刺史 我国古代职官，汉武帝时始置，“刺”，检核问事之意。刺史的主要职责是巡行郡县。刺史制度在西汉中期得到发展，对维护皇权，澄清吏治，促使昭宣中兴局面的形成起到积极的作用。

一路上惩治各地恶棍。

他来到山西太原时，遇到了叔叔赵景清。当时赵景清在本地一座叫清油观的道观中出家当道士，于是赵匡胤在那里停留下来。

有一次，赵匡胤偶然看见道观中一座紧闭着的殿房里，有一个美丽的少女。一打听，原来这位少女是蒲州人，被强盗抢到这里。

侠义心肠的赵匡胤听了这位少女的悲惨遭遇，毅然决定把她送还家里。途中遭到抢夺姑娘的那伙强盗的袭击，但赵匡胤将之一一击退，最终平安地将姑娘送回家乡。这就是“千里送京娘”的佳话。

在结束游侠生涯、成为一名职业军官后，赵匡胤为了训练士卒，总结平生武学，综合士卒在战场上真拼实杀的格斗经验，编制成了三十二势拳法。

959年，赵匡胤陈桥兵变，成了宋代的开国皇帝。昔日士卒自觉身价陡增，于是在民间传授赵匡胤三十二势拳法，并名之曰“宋太祖三十二势长拳”。

赵匡胤本人练得一身好武艺，十分重视军队武术训练，在他即位的次年，就在京城校阅禁军，据《梦粱

观 道教建筑，原是古代天文学家观察星象的“天文观测台”。据传最早住进皇家“观”中的道士是汉代的汪仲都。他因治好汉元帝顽疾而被引进皇宫内的“昆明观”。从此，道教徒感激皇恩，把道教建筑称之为“观”。

少林寺拳术

录》记载，每年春秋二季“禁中教场，呈试武艺，飞枪斫柳，走马舞刀，百艺俱全”，形成一种尚武的风气。

宋代的军队实行募兵制，通过选拔、考试任用武艺人才。颁布实施教法格，使军事训练规范化、系统化，教射、教刀、教枪都有严格的规定。

据1044年编写的军事著作《武经总要》记载：“凡教刀者，先使执持便惯，乃以形制轻重折代猛劣而为之等”；“教弓者，先使张弓驾矢，威仪客止，乃以弓之硬弱，箭之迅速，远近弓之亲疏，穿甲重数而为之等。”

募兵制不仅有统一的训练操典，在考核方面也有明确而细致的规定，《在辛校试诸军技艺格》将考核标准分为上、中、下3等：“步射三中为一等，二中为二等，一中为三等”，为了达到统一标准，军队“日夜按习武艺”，大大推动了军队的训练。

宋代执剑武官石刻

在教法格的实施过程中，需要专职人员传授学习，“教头”便应运而生了。

教头既教阵法，也传武艺，扮演着重要角色。当时著名的豹子头林冲，就是禁军教头，功夫十分过硬。王安石在《将兵法》中将由朝廷委派武艺高强者到地方各路军中充任教头，当作一种制度固定了下来，“使兵知其将，将练其士”。

《梦粱录》 宋代吴自牧著。共20卷，是一本介绍南宋都城临安城市风貌的著作。《梦粱录》之得名，与成语典故“黄粱美梦”有联系。

■《清明上河图》局部

为了满足需要，还采取短期培训和轮流集训的办法为基层培养教头。

1079年宋神宗颁布的《府界集教大保长法》规定，每两县设一"教场"，集中保长培训，"每十人一色事艺，置教头一"，受训时由朝廷供给费用，3年期满后回乡"立团教"，大保长为教头，以5日为一期训练保丁，形成了一个自上而下的训练体系。

宋代的教头只有训练的责任，无统领调遣军队的权力，他们的主要工作和精力就是研习武艺，提高兵械技艺。

宋代商业繁荣，城市发达，汴梁、临安都是工商业荟萃的大都市，著名的《清明上河图》就生动地描绘了当时开封汴河两岸店铺林立、市民簇拥的热闹场面，《梦粱录》也记载了南宋京城临安的繁荣。"买卖昼夜不绝，夜交三、四鼓游人始稀。"

《清明上河图》 我国十大传世名画之一，是北宋时期画家张择端仅见的存世精品，生动记录了我国12世纪城市生活的面貌。在画卷里，共绘了各色人物，牛、骡、驴等牲畜，车、轿，大小船。房屋、桥梁、城楼等各有特色，体现了宋代建筑的特征。

在这样的城市文化氛围里，“诸色艺人”靠献艺、献技争得了一席之地，其中也有角抵高手、武艺名家。

瓦舍、勾栏为大批职业艺人提供了相对固定的表演场所，使拳、使棒、舞剑、舞刀枪者比比皆是。据《梦粱录》记载：“瓦市相扑者，乃路歧人，聚集一等伴侣，以图标手三资，先以‘女飐’打套子，令人观睹，然后以膂力者争交。”“女飐”就是表演武艺的女艺人，“打套子”实际上是表演单练、对练、集体表演等武术套路。

阅读链接

如果教头传习教法是统治者加强军队建设需要的话，那么瓦舍、勾栏中的“女飐”之流，则满足了观众娱乐的要求，前者更多地从实战技击要求，后者表演除了技击特点外还需考虑其观赏性。教头和女飐们以不同的方式，在宋代促成了武术的专门化、职业化、商业化，极大地推动了武术运动的发展。

张三丰开创武当内家功夫

张三丰，名张全一，字玄玄，号三丰。元末明初武当山著名道士。

史书记载，张三丰是辽东懿州人，风姿魁伟，龟形鹤骨，大耳圆目，须髯如戟。寒暑唯一衲一蓑，或处穷山，或游闹市……书经目不忘，凡吐词发语，专以道德、仁义、忠孝为本。“所以心与神通、神与道一、事事皆有先见之理也”。或三五日一餐，或两三月一食；高兴时穿山走石，疲倦时铺云卧雪，行住无常，“人皆异之，咸以为神仙中人。”

张三丰画像

张三丰幼年拜张云庵为师学静功，后来，他结合静功又糅合易经八卦，演创新的功法修炼。然而创新并非易事，几年下来，静功和八卦始终糅合不到一块。

一天，张三丰正在演练这套功法，忽然一个穿戴肮脏的道人从他面前经过，哈哈笑着说："万物生于机缘，万事成于机缘，机缘到事半功倍，机缘未到事倍功半。"

张三丰塑像

张三丰一惊，见这个道人黄发黄须，尖嘴猴腮，其貌不扬，说出话来却蕴涵玄机。他连忙收功迎上去施礼："请仙长明示。"

那道人却一手环抱胸前，一手甩向身后，飞快地走了。

张三丰明白，人外有人，天外有天。看来修道不能老是待在一个地方，要出去游历，广见世面。于是，他决意外出云游，访问名师，增长见识。

这一天，张三丰来到陕西终南山，这里山高林密，在树木掩映处有座庙观。张三丰细看，庙门口的匾额上写着"火龙观"，里面飘出香烟，传出仙音。他大步向火龙观走去，一位黄头发黄胡须的老道迎了出来，张三丰细看就是上次说机缘的那位道人。

原来道人乃火龙真人，在这火龙观修炼了90余年，再有3年就要羽化，很想最后收一个关门弟子，已经遍游天下，寻访高足。上个月在金台观终于访到了张三丰，看他刚届不惑之年，日后定然前程无量，所以决意收他为徒。

火龙真人收下张三丰为徒，又赐道号"玄玄"，教授他《道德真

■武当内丹功修炼

经》，领悟玄法天机。

对于老子的《道德经》，张三丰不知读了多少遍，可火龙真人讲起来，他却又领悟到了新意。在终南山学道4年，离开后便云游天下。

这一年，张三丰进入武当县，看那四山环抱中，黑压压一片楼房瓦屋，高低错落有致，街道纵横，绿树成荫，人来车往，熙熙攘攘，感觉此地非同一般。

张三丰初到武当，不便到武当山各宫观挂单居住。他见武当县衙西边的凤凰山脚下，有眼山洞，洞中虽然阴暗肮脏，到底可以藏身。他在山上拔了一捆干草，垫到洞里，坐到里面练起了静功。

静功又叫“内丹功”，静功练到结丹，方为练成。阴暗肮脏的山洞，正是练静功的好去处，他由静功练到辟谷，十天半月可以不吃一餐饭，有时出去化缘，一餐又可吃几升米。

张三丰在山洞一住3年，练静功练到了结丹，终于练成。这时，他身上的衣服又脏又烂，请施主给补成了百衲衣，头发胡须蓬松如草，由于长年不洗脸不洗澡，脸上手上腿上污秽黢黑，人们都称他“邋遢道人”，或叫他“张邋遢”“邋遢张”。

张三丰练成了内丹功，便离开山洞，出了武当县，来到县城东边的九龙山，这里山环水绕，碧树

洞天福地 就是地上的仙山，它包括十大洞天、三十六小洞天和七十二福地，构成道教地上仙境的主体部分。除此之外，道教徒还崇拜五镇海渎、三十六靖庐、二十四治等，我国五岳则包括在洞天之内。洞天福地多系实指。

掩映，是一方修炼的洞天福地，他就在九龙山下结庵，取名“会仙馆”。他夜练静功，晨练动功，而且试图把静功和动功结合起来。可是他试了多次都失败了。

这天早晨，他刚到门前的场子上，准备再练动静结合之功，忽然听到茅庵后面喜鹊“喳喳”狂叫，不由走过去看个究竟。当他转过屋角，一个有趣的现象，呈现在他的眼前：

一棵梧桐树上垒着一个喜鹊窝，一条花蛇图谋不轨，要到窝里吞食喜鹊蛋，喜鹊护蛋，便与花蛇展开了一场罕见的争战。喜鹊飞来飞去，要啄花蛇；花蛇尾巴缠到树枝上，身子倏忽躲闪着，伺机反咬一口，可喜鹊飞旋着躲开。它俩轻柔回环，盘旋飞舞，打斗多时，简直不分胜负。

张三丰定神看了一会儿，忽然省悟，花蛇盘旋，喜鹊飞舞，不正是在划弧转太极吗？他不由得欣喜地叫道：“好啊！练动功，当如此练。”

张三丰受到启迪，悟出了道家动功真谛，他根据道教理论中的“道法自然”“守柔处雌”等理论，把道家的内丹功、养生家的导引术、武术家的拳法、军事家的兵法，加以糅合、编创和演化，做出了集大成的贡献。

创造了以内丹为体、技击为用，养生为首、防身为要，

武当道士

以柔克刚、以静制动、借力打力、后发制人的具有独特功理功法、运动体系和形式的武当内家拳。

张三丰这套拳法，踏罡步斗，划弧转圈，以静制动，以柔克刚，借力打力，后发制人。

后来，张三丰离开武当山，不知去向。当年湘王朱柏朝谒武当山，寻张三丰不得，写有《赞张真仙诗》一首，诗写道：

张玄玄，爱神仙。
朝饮九渡之清流，暮宿南岩之紫烟。
好山劫来知几载，不与景物同推迁。
我向空山寻不见，徒凄然！
孤庐空寂大松里，独有老弥松下眠。

明清时期以后武林多称张三丰为武当内家拳、太极拳创始人。经历代宗师的继承发展，武当武术成为中华武林一重要流派，逐在民间传播，影响深远。

阅读链接

数百年来，武当拳以张三丰为旗帜，万派归宗，薪火相传，门派林立，弟子亿万，蜚声海内外，造福全人类。由于张三丰的巨大贡献，古往今来一直受到人们的尊崇。

永乐皇帝还在张三丰活着的时候，就在武当山为他修建了遇真宫，铸像供奉，香火祭祀，享受帝王的待遇。几百年来，武当山的张三丰铜像，一直展示着这位和蔼可亲的道德高人、武术老人的风采。

精武英雄

明代是我国武术发展与提高的高峰期，这一时期已把武艺中的武术改变为了一项正式体育运动项目，使防身、健体、表演三者兼备，而且门派林立，体系完备，对各种拳械综合归并，统称为“十八般武艺”。

清王朝曾经禁止民间练武，但民间则以“社”“馆”形式秘密传授武艺，从而使得武术派别林立，数量之多是前所未有的，较大的拳系就有几十个，套路有几百种。

俞大猷精研武术著《剑经》

俞大猷塑像

自从唐代嵩山少林寺十三棍僧之一的智空来到泉州传授少林功夫，便逐渐形成了南派少林功夫。

明代时，东南沿海经常受到倭寇的侵害、骚扰和侵犯，军民奋起抵抗，涌现出很多抗倭好汉、民族英雄。最有名的是“俞龙戚虎”。俞是俞大猷，戚是戚继光。

传说俞大猷的母亲是清源山水流坑人。俞大猷年轻时常常在清源山习武，在一块大石头上跳起跳落练胆量。到俞大

少林武僧棍术表演

猷建功立业成名之后，这块大石头人就被称作“练胆石”，俞大猷又亲笔题4个字“君恩山重”在上面，成为后来清源山的一处人文景观。

有一个同安人李良钦，精通“荆楚长剑”，早年浪迹江湖，晚年来到泉州，住在凤凰山少林寺，凤凰山当时也叫东岳山。

他看见俞大猷体格好，手脚灵活，胆子又大，读书识字，人很聪明有志气，他就对俞大猷说：“老夫曾得异人传授，通晓少林棍法，你可愿意学，将来报效国家？”

俞大猷很欢喜，马上拜李良钦为师学功夫。一个愿意真心教，一个愿意尽心学，经过勤学苦练，俞大猷终于达到了“剑术天下第一”，跨马而骑，引弓飞矢，百发百中的境界。

有一次，李良钦和俞大猷对练，李良钦叫俞大猷大胆出手，真刀真枪进招，要试他的功夫深浅。

泉州 我国著名的侨乡和台胞祖籍地，闽南文化的发祥地，闽南文化保护的核心区与富集区，历史文化厚集、古迹众多、文风浓郁，有“海滨邹鲁”“光明之城”的美誉，是古代“海上丝绸之路”的起点，宋元时期被誉为“东方第一大港”。

俞大猷抗倭图

俞大猷起初不敢真实落力，李良钦一面步步紧逼，一下赛过一下猛，一面叫俞大猷放手还击。俞大猷激起勇气，施展出全部所学的少林棍法。毕竟师父年老，徒弟少年，李良钦居然不是俞大猷的对手。

李良钦十分宽慰，说："果然是青出于蓝而胜于蓝，后生可畏！徒儿的少林棍法已在为师之上，将来必定会成大器！"

后来，俞大猷又吸收教师刘邦协、林琰的棍法，再取山东、河南杨家枪之妙招，使自己的少林棍术无敌于天下。

同时，俞大猷又先后拜王宣及林福、军事家赵本学等人为师，学习《易经》与兵书，皆得三家所长，成为文武双全的将才。

1561年3月，俞大猷自云中南回来，路过河南嵩山，想起恩师所传的少林棍术出自嵩山少林寺，饮水思源，便到少林寺拜谒。

杨家枪 全名为"杨家梨花枪"，传为南宋时期红袄军首领李全的妻子杨妙真所创的枪法。在明代，杨家枪名声很大，被誉为最上乘的枪法，古代兵书《武编》《纪效新书》《阵记》等书均有记载，是为当时山东等地专习。

在寺内，俞大猷看少林寺武僧练武，特别注意少林棍僧的棍术，发现和师父李良钦所教的少林棍似是而非，相差很大。再认真比较一下，觉得比自己掌握的少林棍法差很多，不像是少林寺的真传。

俞大猷心里疑惑，便去拜会少林寺住持小山上人，向他请教。小山敬重俞大猷是朝廷命官，又是战功赫赫的武将，就集合全寺所有精通棍术的千余武僧，各人尽展功夫，演练给俞大猷看。

小山上人本来以为俞大猷看了一定会口服心服，大大奉承鼓励一番。哪知俞大猷看了，摇摇头说："下官也粗通少林棍术，只是与众位师父所练的不相同。若不嫌弃，下官愿意献丑，请各位师父指教。"

众武僧看见俞大猷要切磋武功，立刻叫好。

俞大猷将外衫脱掉，拣一根长棍，掂掂正合手，就踏马势出棍，"嗯！嗯！嗯！嗯！"将平生练就的少林棍法施展出来。只见他有进有退，有跳有闪，忽左忽右，忽前忽后，攻中有守，守中有攻，将一根长

蛟龙 蛟和龙是不同的生物，蛟龙是蛟和龙交而成。龙是我国传说中的一种善变化、能兴云雨、利万物的神异动物，为众鳞虫之长，四灵之首。蛟龙若遇雷电暴雨，必将扶摇直上腾跃九霄，成为凌驾于真龙之上的神龙。

福建南少林

俞大猷传授武僧棍法

棍舞得像出海蛟龙，矫健盘旋，上下翻飞。

看得少林寺众武僧眼花缭乱，齐声喝彩。不但众武僧口服心服，小山上人也大开眼界，知道自己寺中少林棍术已失真传了，因此，就恳请俞大猷传授，众武僧也诚恳要求。

南北少林本是一家，俞大猷为众武僧求艺心切所感动，也感到自己有传授少林棍真功夫的责任，就答应了。

俞大猷告诉众僧，学习棍术必须掌握总诀，即刚柔、阴阳、攻守、动静、审视、功力、手足等动作的灵活运用，而这些总诀，非经数年苦练是不能领会的。

但是，俞大猷军务在身，延误不得，学好武功，又非一朝一夕之事，所以就和小山上人商量挑选两个条件最好的武僧，一个叫宗擎，一个叫普从，跟俞大猷南下，随军学艺。

俞大猷利用公务之余，把他少年时跟师父李良钦学的少林棍，结合自己多年演练的体会和临阵克敌制胜的经验，写成一本书，名为《剑经》。俞大猷将棍称为“长剑”，因此《剑经》实际就是棍经。

《剑经》一书熔铸当时众多武术家之技击特色，他吸取了杨家枪之长，又以棍法补枪法之短，使棍法尽可能达到尽善尽美。

《剑经》一书，刊刻于1557年，后来收入俞大猷所编的《续武经总要》中。《剑经》的内容是由“剑”“射”“阵”3法组成，其中的精华部分在于“剑”，也就是棍法。

俞大猷认为棍法是长兵的基础，明代另一著名的武术家程冲斗也认为“棍为艺中魁首”。

俞大猷很巧妙地以儒家经典作比喻：“用棍如读《四书》，钩、刀、枪、钯如各习一经。《四书》既明，六经之理亦明矣。若能棍，则各利器之法从此得矣。”

《剑经》强调随时以“奇正相生”的变化，以静制动，后发而先至，在敌“旧力略过，新力未发”时，施以突击，“打他第二下”，“刚在他力前，柔乘他力后，彼忙我静待，知拍任君斗。”

俞大猷在《剑经》中详尽地阐述了棍法的原理以及各种实战技击方法，揭示了棍法的奥妙与真谛。《剑经》中所提到的各种技击要领，不仅对于棍法有着重要的指导意义，对于各种搏击术也有着重要的参考价值。

戚继光称赞《剑经》：“千古奇秘尽在于此，近用此法教长枪收明效，极妙！极妙！”

阅读链接

俞大猷不但长于军事，而且精通六经，守金门、武平时，都建“立马读易轩”，读书授众不绝。他治军，以《易》来指导剑术和战阵法式，以儒家的忠、义、仁、信等取信于士兵；其理民事，亦以儒家的仁、信等来折服百姓；其在抗倭战斗中的杰出表现，主观上是激发民族正气，发扬朱熹的攘夷思想。

其记室李杜为《正气堂集》作序写道：“其学莫非兵，而论兵莫非《易》。”时人评价俞大猷说道：“公为将，未事之先，则心周万全之算；即事之后，则每垂悠久之虑。其周万全之算以底事成绩，则古名将盖多有之；其垂悠久之虑以戡乱兴治，则其用心非儒者不能也。”

达于极盛的武侠精神

战国人物

我国武术源远流长，其中历朝历代都流传着侠义天下的武侠精神，至清代，这种精神达到了极盛。

武侠不仅武艺高强而且有勇气，更重要是有“侠”的品质，《史记》的作者司马迁概括得比较准确。他在《史记·游侠列传》中说他们“其言必信，其行必果，已诺必诚，不爱其躯，赴士之厄困”。这就是自春秋战国以来我国所流传的侠的精神。

早在春秋战国时期，由于各国争雄天下，无不注意网罗有特

荆轲刺秦画像砖

殊技艺的人才，出现了养士之风。战国四公子都曾养士数千人，而武侠人士更是他们刻意搜寻的人才。

古代武侠并没有很高的社会地位，他们在做出惊世之举以前，多是混迹于市井中的无名小民。

如战国时的朱亥是魏国都城大梁“市井鼓刀屠者”，聂政以屠狗为生，荆轲是一介游民。他们的抱负不同世俗，平时的言行举止也不同于常人，虽然社会地位低下，然而自尊自强，卓然傲立，平交王侯，不为权贵所屈。如贵为王弟的信陵君多次邀请区区屠户朱亥，朱亥却置之不理。

由于武侠可以承担重大使命，而且这些使命常关系到君王的身家性命、社稷国祚，于是当时贵族看重他们重气节轻性命的品质，降尊折节，对这些人礼遇有加，结为心腹。

如吴公子光善待要离、专诸，以便让他们为自己登上王位行刺；魏国严仲子交结聂政以刺丞相侠累；燕太子丹为行刺秦王，尊荆轲为上卿，以山珍海味、

战国四公子 战国时代末期秦国越来越强大，各诸侯国贵族为了对付秦国的入侵，竭力网罗人才。当时，以养“士”著称的有魏国的信陵君魏无忌、齐国的孟尝君田文、赵国的平原君赵胜、楚国的春申君黄歇。因其4人都是王公贵族，后人称之为“战国四公子”。

车骑美女相待，而且每天亲自登门拜访。

一旦武侠感到自己得到尊重和信任，便为知己者去赴汤蹈火，必要时不惜一死，以报知遇之恩。我国历史上有许多这样的武侠以生命为代价，为报“知己”在历史上写下了惊心动魄的篇章。

春秋战国时的武侠，给后人以深刻的影响，他们的人格品质为后世不断颂扬，为人们所景仰，他们的言行举止，成为许多后人模仿的榜样，“风萧萧兮易水寒，壮士一去兮不复还”成为千古绝唱。

文武双全是我国古人的人格理想，文人以武学为好，武人以儒侠为尊。古代一般有钱人家的孩子除了要读“四书五经”、诗词歌赋以外，还有专门的武术老师教授传统武术。

风气所及，我国历史上出色的武术家往往也是出色的诗人和文学家，而以文学著名的士人往往也是武

四书五经 是四书和五经的合称，是我国儒家经典的书籍。四书指的是《论语》《孟子》《大学》和《中庸》；而五经指的是《诗经》《尚书》《礼记》《周易》《春秋》，简称为“诗、书、礼、易、春秋”。“四书五经”是南宋以后儒学教学的基本书目，儒生学子的必读之书。

■武当习武场景

术“练家子”，或者对武术有浓厚的兴趣。这种文武交融的现象在历史上屡见不鲜。

唐代诗人李白，其诗歌成就几乎前无古人后无来者，有诗仙之称。不过，李白早年爱好的是学剑求道，他曾经在青城山和道士学剑，又在山东齐州领过道教的道箓，正式成为道教的弟子。

南宋时期著名的词人辛弃疾，在我国文学史上与苏东坡齐名，历史上称为“苏辛词”，词风豪放，语境瑰奇。辛弃疾是齐州历城人。他21岁参加耿京领导的抗金武装，为掌书记。1169年，奉耿京令南下归宋，宋高宗授以承务郎、天平节度掌书记。

辛弃疾

辛弃疾返回山东时，耿京已被叛徒张安国杀害。他一怒之下，率领几十人连夜直奔金营，在数万人中活捉张安国南归。由此可见，辛弃疾武艺十分高强。

而且，辛弃疾创作的词许多都是描写战争和武功的，如《破阵子·为陈同甫赋壮词以寄之》：

醉里挑灯看剑，梦回吹角连营。八百里分麾下炙，五十弦翻塞外声。沙场秋点兵。

马作的卢飞快，弓如霹雳弦惊。了却君王天下事，赢得生前身后名。可怜白发生！

青城山 我国道教主要发源地之一，古名“天仓山”，又名“丈人山”。在四川名山中与剑门之险、峨眉之秀、夔门之雄齐名，有“青城天下幽”之美誉。青城之幽素是为历代文人墨客们所推崇的。

掌书记 全名为“节度掌书记”，是唐代初期为行军大总管府临时军事差遣，后来发展为文职僚佐，其名称也由记室、典书记、管记等固定为掌书记。随着藩镇权力的扩大，掌书记的地位也日益显得重要，掌表奏、书、檄等文书工作，是沟通藩镇与朝廷的高级文职僚佐。

词中用许多具体的形象写出了战场的壮阔，并透露了词人对战场情思的留恋和回味。这种壮阔的战场场景以及豪迈而悲壮的情思，如果没有实际生活经历是不可能写得出来的。

前期的武侠主要是以一诺千金、慷慨赴死的精神力量名垂青史，而至明清时期的武侠，给人们留下深刻的印象则更多的是他们杰出的武技。

清代康熙、雍正年间，著名的“江南大侠”江宁人甘凤池以其深厚的武功闻名天下。他客居京城时，山东济南的力士张大义慕名来访，一定要与甘凤池较量较量。

张大义身高八尺，腿力过人，并且在脚趾上裹有铁片，气势汹汹地扑将过来。甘凤池倚柱而立，以逸待劳。两人刚一交手，就听见张大义大叫一声，跌倒在地，血流了一靴子，解下靴子一看，铁片已经深深地嵌入脚趾中。

古代侠士雕塑

甘凤池不仅精于拳脚和剑法，武技高超，而且善

导引服气之术，有布气的能力。甘凤池家乡一个姓谭的得了痨病，医治无效，甘凤池就在一个静室里，每天夜里与此人背靠背坐，49天后这人的病就治好了。

他还有很强的硬功，“手握锡器，能使熔为汁，从指缝中流出。”

还有更神的故事，说甘凤池在客居太仓县张家时，一天在酒宴上闹着玩，于百步之外以棉团做成小球遥击梅花树花朵，上下左右，棉球到处，梅花随之坠地，满座皆惊。

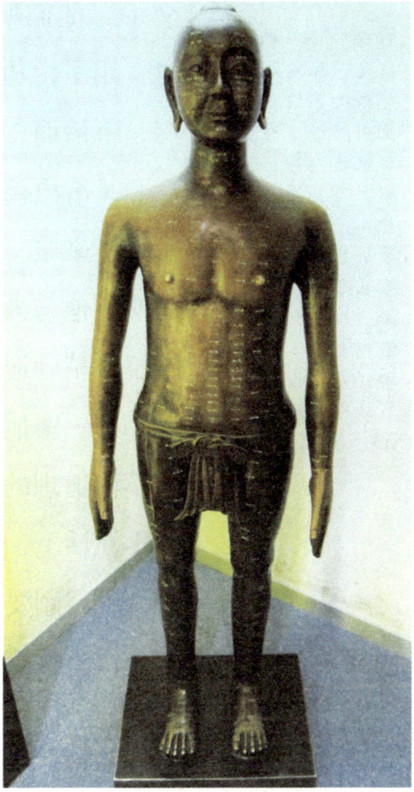

经络铜人

我国武术发展至明清时期，由于内家拳的兴起，武侠们一般都达到了超常能力，特别是我国武术中的点穴术更是神奇无比。《墨余记》记载了一个故事：

明末清初时，上海武侠褚复生的家乡有一个外号叫“独骨”的地痞流氓，会武术，膀阔腰圆，力举千斤，仗着这些本事，在市场上横行霸道。商人不堪其扰，于是大家请褚复生为民除此一害。

在一次酒宴上，两人见面。酒过两巡，“独骨”就跳起来，手舞足蹈，捋拳作势，夸耀自己的勇力。

褚复生缓缓用筷子在他胸前轻点一下，轻声说道：“你不能坐下来说嘛？”

“独骨”重新坐下，直至终席，一言不发。

散席后，商人们问褚复生，为什么不与“独骨”

内家拳 是相较于外家拳技而言的一种拳法理论。外家拳源于古代战场硬柄武器使用方法，而内家拳则是源于古代战场韧柄武器使用方法，主要是大枪术。宋代时为我国冷兵器的巅峰，硬柄武器使用方法已然成熟，同时韧柄武器也已经开始大量出现，于是也有了内家拳。

经络 “经”的原意是“纵丝”，是经络系统中的主要路径，存在于机体内部，贯穿上下，沟通内外；“络”是主路分出的辅路，存在于机体的表面，纵横交错，遍布全身。经络学说是祖国医学基础理论的核心之一。

交手，他们哪里知道，褚复生用筷子轻点“独骨”时，用了内功。第二天，“独骨”浑身变色，青如蓝靛，不治而亡。

《清史稿》还记载了另一个故事：明末清初的武术家王来咸，以静制动，以点穴击人的内家功法非常高明。他与人搏击总是按照铜人经络图中标志的经络穴位，精确地点击对手的死穴、晕穴、哑穴等部位。

有一次他与著名学者黄宗羲同游天童山，遇到一个不讲道理的和尚少焰。少焰膂力过人，对付四五个人不在话下，以为王来咸可欺。

不料刚要接近王来咸，还未来得及施展他一身的蛮力，就被点中穴位，疼痛难忍，使不出半点力气。

■ 黄宗羲画像

王来咸以自己高超的武技，行侠仗义，曾替人报仇，但是他为侠有很强的正义感，绝不充当无原则的职业杀手。有人以重金请他杀自己的弟弟，王来咸认为这样做无异于禽兽，坚决拒绝这种不义之举。

我国文学史上，以武侠为题材的作品占有相当的分量。唐代的传奇就有描写武侠的作品，如《红线女》《虬髯客》《聂隐娘》等，明清时期以来，武侠小说更是大量涌现，出现了许多优秀作品。这些作品除了情节引人入胜以外，同时也描写了形形色色的武侠人物群像。

■《三侠五义》故事雕刻

如清代光绪年间刊出的石玉昆《三侠五义》，以民间流传的北宋时期名臣包拯的破案故事为主线，描写了一群江湖侠客的故事。

小说的前半部写的是包公在展昭、白玉堂等侠客的帮助下，受理民冤，神断疑案，同奸臣庞太师父子斗争的故事；后半部主要写侠客们替朝廷剪除叛藩襄阳王党羽的经过。其中锦毛鼠白玉堂的形象十分鲜活，他有着强烈的叛逆性格，身怀绝技却心高气傲、目空一切。

在武侠名著《儿女英雄传》中，文康成功地描写了一个侠女形象，这就是侠女十三妹。

十三妹本名何玉凤，出身于官宦家庭，因其父受害于权臣纪献唐，乃携寡母避居于青云峰，后从一道姑处学得绝世武功，于是驰骋江湖，千里独行，矢

展昭 《三侠五义》中的主要人物之一，自幼习武，善轻功、会袖箭、剑法高超，兵刃为巨阙剑，后在茉花村与其妻丁月华定亲时交换了湛卢剑。展昭与包拯相识于包拯进京赶考的途中。后经包拯举荐，被皇上御封为御前四品带刀护卫，封号“御猫”，在开封府供职。

志报仇。在荒山能仁寺出手救了淮安知县的公子安骥及落难女子张玉凤，并由此演出一幕悲欢离合、最终大团圆的姻缘。

十三妹既有千里独行侠的气质，同时也是知书达理、忠孝节义的化身，把她描写成既有“儿女之情”，又有“英雄至性”的“人中龙凤”。实际上，何玉凤体现了儒家文化和墨家文化的人格理想，对后世的读书人影响很大。

清代晚期的笔记小说中还有一个与十三妹类似的女侠吕四娘。如雁北老人的《清代十三朝宫闱秘闻》、柴萼的《梵天庐巡录》、蔡东藩的《清史演义》、许指严的《十叶野闻》和孙剑秋的《吕四娘演义》等笔记小说中有详细的交代。

有关史料中关于吕四娘的记载极少，后人只知道她是清代大儒吕留良的孙女。吕留良，字晚村，吕四娘与甘凤池等人合称“江南八杰”。小说中描写的吕四娘是一个艳若桃李、冷如冰霜、庄重坚强、知书达理、有恩必酬、有仇必报的豪侠之人，并且身怀绝技。

阅读链接

其实，《雍正剑侠图》中主人公童林的原型，就是八卦掌的创始人董海川。董海川身材魁梧，臂长手大，膂力过人，擅长技击。少时家贫，自幼嗜武，年轻时因误伤人命，奔走他乡。相传在安徽九华山得遇“云盘老祖”传授其技，创立了八卦掌。

董海川在王府当差时，因为一个偶然的机会才为人所知，一天，太极拳名师杨露蝉奉召在肃王府与府中拳师比武，连战连胜，最后竟将一拳师掷于园网之上。是时董海川手托菜盘由此经过，立即飞身上网救起拳师。董海川遂与杨露蝉相斗，双雄对峙，胜负难分。从此太极拳与八卦掌各立门户，桃李盈门，流传后世。